KARL AUGUST BETTERMANN

Miete und Pacht im Spiegelbild der finanzgerichtlichen Rechtsprechung zu § 4 Nr. 10 UStG

Miete und Pacht im Spiegelbild der finanzgerichtlichen Rechtsprechung zu § 4 Nr. 10 UStG

Von

Dr. Karl August Bettermann
o. Prof. der Rechte an der Freien Universität Berlin

DUNCKER & HUMBLOT / BERLIN

Alle Rechte vorbehalten
© 1959 Duncker & Humblot, Berlin
Gedruckt 1959 bei Hans Winter Buchdruckerei, Berlin SW 61
Printed in Germany

Inhalt

Das Problem 9
I. Dauer der Überlassung 10
II. Besitz und Mitgebrauch bei Miete .... 10—13
    1. Parkgebühren 11
    2. Start- und Landegebühren 12
    3. Omnibusbahnhof 12
    4. Einschüttungsverträge 12
III. Besitz und Gebrauch bei Pacht .... 13—17
    1. Aberntung 14
    2. Weideverträge 15
    3. Ausbeutung eines Grundstücks 16
IV. Kühlraum 17
V. Concessionsverleihung .... 17—19
    1. Kurparkphotographen 17
    2. Verlegung von Leitungen und Geleisen 18
    3. Wettbewerbsschutz unerheblich 18
    4. Gewährung und Gestattung des Gebrauchs . 18
VI. Meeresstrand .... 19—20
    1. Badebetrieb 19
    2. Strandkorbvermietung 19
VII. Werbung .... 20—23
    1. Plakatwesen 20
    2. Außenreklame an Gebäuden 20
VIII. Miete und Verwahrung .... 23—29
    1. Lagerei 23
    2. Garage 25
    3. Bootsstände 27
    4. Safe und Tresor 28
IX. Stand- und Platzmieten .... 29—34
    1. auf Volksfesten 29
    2. auf Ausstellungen 30
    3. auf Märkten 31
    4. § 68 GewO 31
    5. Ausstellungen außerhalb Messen und Märkten . 33
X. Gemischte Verträge und Verträge besonderer Art .... 34—43
    1. Die Systematik der zivilrechtlichen Dogmatik . 34
    2. Die Klassifizierung des Finanzhofs und deren Kritik . 37

- a) Die „Verträge besonderer Art" 37
- b) Die „gemischten Verträge" 38
- c) Zerlegung auch bei den „Verträgen besonderer Art" 39
- d) trotz „Einheitlichkeit" — Absorptions-, Kombinations- und Übergewichtstheorie 39
- 3. Die umsatzsteuerrechtliche Behandlung der gemischten Verträge und der Vertragsverbindungen 41
- 4. Atypische Klauseln im typisierten Vertrag 42
  - a) Hochspannungsleitung über Wald 42
  - b) Gaststättenpacht mit Bierbezugspflicht 43

XI. Noch einmal die Standmieten .... 43—51
  1. Motiv und Zweck der Raumüberlassung gleichgültig 43
  2. Weisungsrechte des Vermieters unschädlich 44
  3. Gebrauchspflicht des Mieters möglich 45
  4. Die Veranstaltung des Festes oder der Ausstellung als Grundlage oder Inhalt des Standüberlassungsvertrags 45
  5. Die „Werbe- und Geschäftsmöglichkeiten" 46
  6. Die Platzwahl 49
  7. Besucher, Aussteller, Wirte und Veranstalter der Ausstellung: RGZ 88, 108 49
  8. Messeaussteller 51

XII. Tankstellenverträge .... 52—61
  1. Grundform 52
  2. Sondergestaltungen 54
     - a) Baukostenzuschuß und Gestellung der Zapfvorrichtung durch die Ölfirma 54
     - b) Persönliche Dienstbarkeit 55
     - c) Abgeltung des Mietzinses durch die Verkaufsprovision ... 56
     - d) Eigentumsverhältnisse unerheblich 56
     - e) Rückvermietung: BFH BStBl. 1959 III 223 57
  3. Bestandteileigenschaft der vermieteten Gebäude oder Räume .. 59

Register der finanzgerichtlichen Entscheidungen .... 62—66

Abkürzungsverzeichnis

BB	=	Der Betriebsberater
BerlGE	=	Berliner Grundeigentum
BStBl.	=	Bundessteuerblatt. Teil III. Veröffentlichungen des Bundesfinanzhofs
DAutoR	=	Deutsches Autorecht
DGemStZ	=	Deutsche Gemeinde-Steuer-Zeitung
DJ	=	Deutsche Justiz
DMR	=	Deutsches Mietrecht
DR	=	Deutsches Recht
DStZ	=	Deutsche Steuerzeitung
DW	=	Deutsche Wohnwirtschaft
DWA	=	Deutsches Wohnungsarchiv
E	=	Entscheidung
EFG	=	Entscheidungen der Finanzgerichte
FG	=	Finanzgericht
GrundE	=	Das Grundeigentum
GewArch.	=	Gewerbearchiv für das Deutsche Reich
Gruchot	=	Gruchots Beiträge zur Erläuterung des deutschen Rechts
GrErwStG	=	Grunderwerbsteuergesetz
HW	=	Haus und Wohnung
KGJ	=	Jahrbuch für Entscheidungen des Kammergerichts in Sachen der freiwilligen Gerichtsbarkeit, in Kosten-, Stempel- und Strafsachen
KGJ Erg.	=	Entscheidungen des Kammergerichts und des Oberlandesgerichts München in Kosten-, Straf-, Miet- und Pachtschutzsachen, Ergänzung zum KGJ
LM	=	Lindenmaier-Möhring, Nachschlagewerk des Bundesgerichtshofs
LZ	=	Leipziger Zeitschrift für Deutsches Recht
Mrozek	=	Mrozek, Steuerrechtsprechung in Karteiform
MSchG	=	Mieterschutzgesetz
NdsRpfl.	=	Niedersächsische Rechtspflege
OFD	=	Oberfinanzdirektion
OLGE	=	Die Rechtsprechung der Oberlandesgerichte auf dem Gebiete des Zivilrechts

PrALR	= Preußisches Allgemeines Landrecht
RBewG	= Reichsbewertungsgesetz
RStBl.	= Reichssteuerblatt
Sächs.Arch.	= Sächsisches Archiv für Rechtspflege
SchlHAnz.	= Schleswig-Holsteinische Anzeigen
Seuff.Arch.	= Seufferts Archiv
StAnpG	= Steueranpassungsgesetz
StW	= Steuer und Wirtschaft. Teil II, Rechtsprechung des RFH bzw. BFH
Tz.	= Textzahl
UrkStG	= Urkundensteuergesetz vom 5.5.1936 (RGBl. I S. 407)
UStR	= Umsatzsteuerrundschau
UStDB	= Durchführungsbestimmungen zum Umsatzsteuergesetz
UStG	= Umsatzsteuergesetz
Warn.	= Die Rechtsprechung des Reichsgerichts auf dem Gebiete des Zivilrechts, herausgegeben von Warneyer
ZMR	= Zeitschrift für Miet- und Raumrecht

Nach § 4 Nr. 10 UStG sind u. a. umsatzsteuerfrei die Umsätze aus „Verpachtungen und Vermietungen von Grundstücken"; „steuerpflichtig" sind jedoch nach Satz 2 a.a.O. „die Beherbergung in Gaststätten"[1] und nach § 37 UStDB „die Verpachtung und Vermietung von Maschinen und sonstigen Vorrichtungen aller Art, die zu einer Betriebsanlage gehören, auch wenn sie wesentliche Bestandteile eines Grundstücks sind".

Nach der ständigen Rechtsprechung des RFH[2] und des BFH[3] beurteilt sich ausschließlich nach bürgerlichem Recht, ob eine Vermietung oder Verpachtung i. S. des § 4 Nr. 10 UStG vorliegt; die wirtschaftliche Betrachtungsweise soll hier also nicht Platz greifen. Obwohl dafür der Finanzhof niemals einen Grund angegeben hat und auch kein triftiger Grund ersichtlich ist, will die folgende Untersuchung jene These des Finanzhofs nicht angreifen, sondern legt sie zugrunde. Hier geht es vielmehr um den Nachweis, daß der Satz von der Maßgeblichkeit des bürgerlichen Rechts in der Rechtsprechung der Finanzgerichte nicht mit der notwendigen Konsequenz durchgeführt worden ist.

Erstens finden sich Urteile, in denen der Finanzhof angebliche Merkmale der Miete oder Pacht verlangt oder vermißt hat, die es nach bürgerlichem Recht nicht sind. Zweitens lassen sich Widersprüche innerhalb der Rechtsprechung des RFH und des BFH feststellen, Widersprüche aber auch zur Rechtsprechung der Zivilgerichte, insbesondere des Reichsgerichts. Drittens läßt die Behandlung der gemischten Verträge fast jede Fühlung mit der zivilrechtlichen Lehre vermissen. Wenn aber die Frage, was Vermietung und Verpachtung von Grundstücken i. S. des § 4 Nr. 10 UStG ist, sich nach bürgerlichem Recht beantwortet, dann nötigt das die Finanzgerichte, das bürgerliche Recht richtig zu erkennen und anzuwenden und sich in Zweifelsfällen an der Judikatur der Zivilgerichte und der Literatur der Ziviljuristen zu orientieren. Was nach bürgerlichem Recht Miete und Pacht ist, das bestimmen an Hand der einschlägigen Gesetze die bürgerlichen Gerichte und die Zivilrechtslehre. Bei der Lektüre der Judikatur des Finanzhofs hat man dagegen manchmal den Eindruck, als verfahre er nach der Maxime: Was Miete und Pacht i. S. des Umsatzsteuerrechts ist, bestimmt zwar das bürgerliche Recht; aber

---

[1] Die nach § 38 UStDB vorliegt, „wenn ein Unternehmer Wohn- und Schlafräume zur vorübergehenden Beherbergung von Fremden bereithält".
[2] RFH 15, 284; 27, 261; 32, 354; 41, 313; 42, 62; 47, 175; 48, 213; 49, 155; 49, 312; 54, 17; 54, 555; RStBl. 1939, 806; 1942, 878/9; 1944, 589/90. Anders nur RFH DStZ 1925, 566 Nr. 276 = StW 1925 Nr. 421.
[3] BFH 57, 249; 58, 116; 60, 154; 61, 155; 65, 98; 65, 585.

was nach bürgerlichem Recht Miete oder Pacht von Grundstücken ist, das bestimmt der Finanzhof[4] — und zwar von Fall zu Fall; denn diese Judikatur enthält zahlreiche Widersprüche und Inkonsequenzen.

I. In E 64, 542 stellt es der BFH entscheidend ab auf den „Unterschied zwischen der **Dauervermietung** in einer Ladenstraße und der **kurzfristigen Überlassung** von Ständen durch den Veranstalter (Organisator) von Messen, Ausstellungen, Schützen-, Oktober- und ähnlichen Festen". Aber für den Begriff der Miete ist die Dauer des Mietverhältnisses und des Mietgebrauchs unwesentlich. Zwar ist die Miete ein sogen. Dauerschuldverhältnis. Doch besagt dieser Begriff nur, daß die Leistung des Vermieters, die Gebrauchsgewährung, sich nicht in einer oder mehreren Einzelleistungen erschöpft, sondern durch ständiges Verhalten zu erfüllen ist. Ferner ist das Zeitmoment insofern für den Mietbegriff qualifizierend, als die Gebrauchsgewährung zeitlich begrenzt sein muß: keine „Ewigmiete" und keine Erbmiete[5]. Aber eine Mindestdauer, eine zeitliche Mindestgrenze, kennt das Mietrecht des BGB nicht. Daß Tagesmiete zulässig ist, zeigt schon § 565 III BGB. Die Mietzeit braucht auch nicht ununterbrochen zu laufen, sogen. Successiv- oder Folgemiete. Als Beispiel dafür führt *Mittelstein*[6] an, daß „Meßstände für die nächste Messe gemietet" werden, und beruft sich dafür auf ein Urteil des LG Leipzig vom 28. 3. 1892 in Sächs.Arch. 1895, 154.

Auch und gerade in der Rechtsprechung der Finanzgerichte ist wiederholt anerkannt worden, daß die Zeitdauer der Gebrauchsüberlassung unwesentlich ist und daß auch eine bloß vorübergehende Überlassung Miete sein kann: RFH RStBl. 1939, 806 (stundenweise Vermietung eines Konzertsaales); RFH 48, 213 (Saalmiete); BFH 60, 154 (Platzüberlassung an Wanderzirkus).

II. In E 63, 160 hat der BFH behauptet, zur Miete gehöre, daß der Mieter unmittelbarer Besitzer der Mietsache werde und dem Vermieter den Besitz i. S. des § 868 BGB vermittle. Das ist unrichtig. „Es ist kein Erfordernis der Miete, daß der gemietete Gegenstand sich im alleinigen unmittelbaren **Besitz des Mieters** befinden soll"[7]. § 535 BGB verlangt *Gebrauchs*gewährung, nicht *Besitz*überlassung; der Gebrauch einer Sache kann aber auch ohne deren Besitz gewährt werden[8].

---

[4] *Wauer* StW 1958, 214/5 spricht von „unterstellter" (!) „Übereinstimmung mit dem bürgerlichen Recht."
[5] Vgl. meinen Kommentar zum MSchG § 1 Erl. 56; *Staudinger-Kiefersauer* BGB (11. Aufl. 1955) § 535 Erl. 88.
[6] Die Miete (4. Aufl. 1932) S. 15 zu N. 48.
[7] RGZ 141, 99.
[8] Vgl. meinen Kommentar zum MSchG § 1 Erl. 59a; *Roquette* Mietrecht (4. Aufl. 1954) S. 60/61; *Mittelstein* a.a.O. S. 238/9.

Das Mietobjekt braucht dem Mieter auch nicht zum ausschließlichen Gebrauch überlassen zu werden. Auch **bloßer Mitgebrauch** kann schon den Tatbestand der Miete erfüllen[9]. Das hat auch der RFH wiederholt ausgesprochen, vgl. E 27, 261; 49, 155. Vgl. auch *Plückebaum-Malitzky* UStG (8.) I Tz. 2753: „Miete und Pacht liegt nicht nur vor bei Überlassung des ausschließlichen Gebrauchs bzw. Nutzungsrechts einer Sache; es genügt die Überlassung eines beschränkten Gebrauchs- oder Nutzungsrechts".

Vgl. ferner RFH StW 1933 Nr. 172 Ziff. 4: „Die **Zulassung fremder Gas- und Kabelleitungen**[10] im Bahnkörper stellt eine umsatzsteuerfreie Vermietung dar"[39]. Daß die Steuerfreiheit nach § 4 Nr. 10 UStG kein unbeschränktes Gebrauchsrecht an der vermieteten Sache voraussetze, wurde dort ausdrücklich hervorgehoben. In der gleichen Entscheidung wird unter Ziff. 6 als befreiter Mietvertrag angesehen die Gestattung der Bahn, daß „der Bahnkörper von Röhren und Leitungen aller Art, von Straßen und Bahnen aller Art durchkreuzt wird oder daß diese Verkehrswege über ihn hinweggeführt werden". Der RFH verweist dafür auf seine Entscheidung StW 1932 Nr. 879, wo er einer Kleinbahngesellschaft, die der Stadt die **Mitbenutzung ihrer Bahnanlage** entgeltlich gestattete, die Befreiung des § 4 Nr. 10 UStG gewährt hatte.

1. Deshalb ist die Begründung des BFH in E 62, 150 für die Umsatzsteuerpflicht von **Parkgebühren** oder Parkplatzgeldern unrichtig: daß dem Parkenden „nicht ein ganz bestimmt abgezeichneter Raum der Parkplatzfläche (unter Ausschluß der anderen Fahrzeughalter) zur Verfügung gestellt wird"[11]. Das bürgerliche Recht verlangt weder, daß die Mietsache dem Mieter zum ausschließlichen Gebrauch überlassen wird, noch daß das Mietgrundstück genau abgegrenzt ist. Wenn A. seinem Nachbarn B. gegen Entgelt gestattet, über des A. Grundstück zu gehen, zu fahren oder zu fliegen, so liegt, wenn keine Dienstbarkeit vereinbart ist, Grundstücksmiete vor. „Gestatten des Lustwandelns in einem Park gegen Entgelt" ist Miete[12]. Erlaube ich einem Dritten entgeltlich, sein Fahrzeug auf meinem Hof unterzustellen, so habe ich ihm meinen Hof zur Mitbenutzung vermietet, auch wenn ich ihm keinen bestimmten Platz auf diesem Hof anweise, sondern es ihm überlasse, wo er dort seinen Wagen parkt.

Begründet ist die Heranziehung der Parkgebühren zur Umsatzsteuer nur dann, wenn im Einzelfall nicht Miete, sondern Verwahrung vorliegt, wenn also die Parkgebühren nicht oder nicht primär die Gestattung des Parkens, sondern die Bewachung entgelten. Darauf, ob Verwahrung vor-

---
[9] Vgl. meinen Kommentar zum MSchG § 1 Erl. 19 mit Nachw. in Note 105.
[10] Über Hochspannungsleitungen vgl. u. S. 42 sub 4a.
[11] Ähnlich RFH 49, 310 (313).
[12] *Mittelstein* a.a.O. S. 238.

lag, hätte E 62, 150 abstellen sollen statt darauf, daß der Parkwächter eine „gewisse Ordnung" des „Parkverkehrs" vornahm — wofür bestimmt kein Autofahrer eine „Gebühr", sondern höchstens ein Trinkgeld zu entrichten bereit ist.

2. Auf E 62, 150 hat sich der BFH in E 63, 159 berufen, um die **Start- und Landegebühren,** die der Flughafenunternehmer von den Flugzeughaltern erhebt, zu versteuern. Auch hier wurde wieder fälschlich darauf abgestellt, daß nicht der Gebrauch eines ganz bestimmten Platzes oder Raumes gewährt und der Flugzeughalter nicht Besitzer des Flugfeldes oder der Rollbahn werde. Zu Unrecht beruft sich dafür der BFH auf BGHZ 19, 88 ff[13]. Der BGH hat in seinem Falle des Verkaufsstandes auf dem Bürgersteig den Mietcharakter nicht mangels Besitzes des Standinhabers[14] oder wegen Unbestimmtheit des Mietgegenstandes verneint, sondern deshalb, weil eine bloße Gestattung, aber keine Gewährung des Gebrauchs vorlag[15]. Dieser Tatbestand ist aber bei den Flugplätzen nicht gegeben. Der Flughafenunternehmer schuldet dem Flugzeughalter nicht bloß die Duldung der Flughafenbenutzung, sondern er hat ihm den ungestörten und verkehrssicheren Gebrauch des Rollfeldes zu gewähren — mit allen Gewährleistungspflichten und -folgen der §§ 536 ff. BGB.

3. Benutzt ein Omnibusunternehmer die Anlage eines **Omnibusbahnhofs** als Haltestelle für seine Omnibusse gegen Entgelt, so liegt Grundstücksmiete vor. FG Schleswig-Holstein EFG 1955, 125/6[16] hat dies zu Unrecht bestritten, weil dem Unternehmer kein fest bestimmter und umgrenzter Platz zum Halten und Parken seiner Omnibusse zugewiesen sei und weil er — deshalb — keinen Besitz an dem Halteplatz erlange. Aber das Mietrecht des BGB setzt weder Besitz des Mieters am Mietobjekt voraus — auch nicht „mindestens Mitbesitz", wie das Finanzgericht fälschlich annimmt — noch muß ein genau abgegrenzter Teil der Erdoberfläche den Gegenstand der Überlassung bilden. Auf Grund der Vertragsfreiheit kann vielmehr der Vermieter dem Mieter gestatten, bald diesen, bald jenen Teil seines Grundstücks zu benutzen; am Mietcharakter der Grundstücksüberlassung ändert das nichts.

4. Das hat auch das FG München EFG 1959, 31 Nr. 39 bei der rechtlichen Qualifikation der sogen. **Einschüttungsverträge** verkannt. „Gestattet der

---

[13] Und auf RGZ 97, 19: Dort hat das RG das Vorliegen eines Mietvertrages nicht mangels *Besitz*rechts, sondern mangels *Gebrauchs*rechts der zur Benutzung von Anschlußgleisen Berechtigten verneint: weil das Recht zum Gebrauch der Anschlußgleise allein der Eisenbahn zustehe, deren sich die Berechtigten zu bedienen hatten.

[14] Im Gegenteil hat er ausschließlichen Besitz des Standinhabers angenommen; denn dieser allein sollte nach dem Vertrage die Besitzstörungsansprüche der §§ 861, 862 BGB geltend machen.

[15] Vgl. dazu u. S. 18 Ziff. 4!

[16] Nach *Plückebaum-Malitzky* UStG (8. Aufl. 1959) Tz. 2798 bestätigt durch BFH V 61/55 vom 26. 4. 1956.

Eigentümer einer Kiesgrube gegen Entgelt Bauunternehmern, Abfallerde in die Kiesgrube zu schütten", so liegt Grundstücksmiete vor, wie in allen ähnlichen Fällen der Gestattung, auf einem Grundstück Abfälle oder Abraum zu lagern oder abzukippen. Die dies verneinende Entscheidung des FG München enthält das Musterbeispiel einer verfehlten Definition der Miete:

„Bei der Grundstücksmiete geht es dem Mieter darum, ein ganz bestimmtes, genau abgegrenztes Grundstück zu einem bestimmten Zweck für eine festgelegte Zeit in seinen Besitz zu bekommen, der Vermieter erhält für die Überlassung des unmittelbaren Besitzes am Grundstück und die Gewährung des vertragsmäßigen Gebrauches des Grundstücks den für eine bestimmte Zeit vereinbarten festen Mietzins."

Hier ist so ziemlich alles falsch: Weder muß das Mietgrundstück „ganz bestimmt" und „genau abgegrenzt" sein, noch kommt es für die Abgrenzung der Miete von anderen Verträgen auf den Zweck des Mietgebrauchs an, noch muß der Mieter das Mietobjekt in jedem Falle „in seinen Besitz bekommen", noch ist die Besitzüberlassung eine Verpflichtung des Vermieters neben der Gebrauchsgewährung, die vielmehr nach § 535 Satz 1 BGB die einzige Hauptleistung des Vermieters bildet. Abwegig ist die Forderung nach einer „festgelegten Zeit"; bekanntlich bilden die Mietverhältnisse von unbestimmter Dauer die Regel, vgl. §§ 564 II, 565 BGB. Ebensowenig muß der Mietzins „für eine bestimmte Zeit" vereinbart und „fest" sein. Der „Mietzins" des § 535 Satz 2 BGB kann auch in einmaligen oder in nicht regelmäßig wiederkehrenden Leistungen bestehen[17], und er kann variabel sein, wie z. B. der Tonnenzins bei Ausbeutungsverträgen[18], die Staffelmiete oder die Umsatzpacht.

III. Auch für die **Pacht** gilt, daß sie nicht notwendig Besitz des Pächters am Pachtobjekt und schon gar nicht Alleinbesitz voraussetzt und daß dem Pächter nicht der ausschließliche Gebrauch und die ausschließliche Nutzung zustehen müssen. Schon RGZ 27, 279 (282) hat klargestellt: „Die rechtliche Natur der Pacht verträgt sich damit, daß das Recht des Pächters auf eine gewisse Art der Nutzung des Grund und Bodens beschränkt wird". Auch RFH 38, 131 erklärte es für „nicht erforderlich, daß jede mögliche oder auch nur übliche Art der Benutzung gestattet wird, vielmehr sind Beschränkungen des Pächters auf bestimmte Arten des Gebrauchs und auf die Ziehung bestimmter Arten von Früchten mit dem Begriff des Pachtvertrages durchaus vereinbar." Von der „Besitzüberlassung der fruchttragenden Sache zur Fruchtgewinnung" sagt *Enneccerus-Lehmann*, Schuldrecht § 138 I 2, daß sie für die Abgrenzung

---

[17] Vgl. meinen Kommentar zum MSchG § 1 Anm. 52, 52a.
[18] Über sie vgl. u. S. 16 Ziff. 3.

der Pacht vom Kauf „nicht von ausschlaggebender Bedeutung" sei.

Die Verkennung dieser bürgerlichrechtlichen Regeln dürfte der Grund sein für die Unsicherheit des RFH bei der umsatzsteuerrechtlichen Behandlung von **Weide- und Ernteverträgen**.

1. RFH 10, 95 sah die **Versteigerung von Gras auf dem Halme** als Verkauf an, weil der Ersteher nur das Recht zur Aberntung, aber keine Befugnis zu sonstigem Gebrauch der Wiese erworben habe. Bei der **Versteigerung der Obsternte** von Chausseebäumen hat RFH 19, 109 [19, 20] Kauf angenommen mit der Begründung, „die Veräußerung des künftigen Ertrags eines landwirtschaftlichen Grundstücks" sei „von jeher in Rechtslehre und Rechtsprechung als Kauf behandelt" worden. Zum Beleg dafür führte der RFH das PrALR I 11 §§ 582 ff an. Aber diese Bestimmungen behandeln nur die Zulässigkeit und die Rechtsfolgen der emptio spei. Ob beim **Aberntungsvertrag** Kauf oder nicht vielmehr Pacht vorliegt, das ist gerade die Frage, zu der die vom RFH zitierten Bestimmungen des ALR überhaupt nichts aussagen. Sie ist keineswegs eindeutig und ausnahmslos in dem vom RFH behaupteten Sinne zu beantworten und in Lehre und Rechtsprechung des bürgerlichen Rechts so beantwortet worden. Richtig ist vielmehr allein die Feststellung des OLG Naumburg in JW 1930, 845/6: „Der Erwerb künftiger Früchte kann in der Weise des Kaufs wie auch der Pacht vereinbart werden". Also beide Rechtsformen sind möglich, und vielleicht noch dritte und vierte. Auch Dresden OLGE 36, 68/9 widerlegt die These des RFH (19, 109) von der allgemein anerkannten Kaufnatur der Ernteüberlassung: „Der Erwerb anstehender Früchte mag regelmäßig im Wege des Kaufs erstrebt werden, aber auch Pacht ist für diesen Zweck verwertbar und wenigstens bei der Ernte von Obstbeständen gebräuchlich". Das Reichsgericht hat in RGZ 56, 84 die Überlassung der **Rohrnutzung** eines Sees als Pacht des Seegrundstücks und nicht als Pacht des Nutzungsrechts noch als Kauf des Rohrs qualifiziert. Und in jedem Kommentar zum BGB kann man nachlesen, daß die Gestattung zur Aneignung von Früchten i. S. des § 956 BGB auch, ja vor allem, durch Pachtvertrag erfolgt.

Diese nur zwei Entscheidungen (RFH 10, 95 und 19, 109) gab der RFH in RStBl. 1937, 1139 = StW 1937 Nr. 589 bereits als „ständige Rechtsprechung" dafür aus, daß der Erwerb des künftigen Ertrags eines landwirtschaftlichen Grundstücks nicht als Pacht, sondern als Kauf zu gelten habe, und übernahm sie für die Forstwirtschaft (Überlassung der **Gewinnung von Nadelholzzapfen**).

Alle drei Entscheidungen mögen — vielleicht — im Ergebnis richtig sein; denn eine entgeltliche Ernteüberlassung *kann* Kauf sein. Aber sie *muß* nicht kaufweise, sondern *kann* auch pachtweise erfolgen. Die Ein-

---

[19] = JW 1927, 1448/9 m. abl. Anm. von *Beitzen*.
[20] Ebenso RFH RStBl. 1929, 603.

seitigkeit der Betrachtung des RFH und die Unrichtigkeit seiner Begründung sind es, die zur Kritik herausfordern — vor allem aber der Widerspruch zu anderen Entscheidungen des gleichen Gerichts in gleichen und ähnlichen Fällen. So hatte bereits RFH 6, 123[21], unter Berufung auf eine Entscheidung des RG vom 20. 4. 1885 zum Stempelsteuerrecht, die Überlassung der **Grasgewinnung,** also den Vertrag über die Aberntung von Wiesen, als Wiesenpacht, nicht als Grasverkauf, qualifiziert, wenn und weil dem „Berechtigten" die Pflege der Wiese freistehe. Die Begründung war wieder insoweit falsch, als sie auf den Besitz abstellte. Es ist zwar richtig, daß die Pacht nicht nur die Nutzung, sondern auch den Gebrauch des Pachtobjekts zum Inhalt hat, § 581 I 1 BGB. Aber der Gebrauch wird bei solchen Aberntungsverträgen schon dadurch gewährt, daß der Pächter zur Aberntung des Grundstücks (oder der darauf stehenden Bäume etc.) berechtigt ist. Es genügt, daß dem „Erwerber" der Gebrauch der Wiese *zwecks* Grasnutzung überlassen ist — was der RFH selbst für „entscheidend" erklärte. Nicht entscheidend ist dagegen der vom RFH ferner herangezogene Gesichtspunkt, daß der Pächter die Pflege der Wiese besorgen könne, wenn auch nicht müsse. Nicht erst durch die Pflegebefugnis wird ihm der Gebrauch der Wiese gewährt, sondern schon durch die Gestattung der Aberntung, der „Vor- und Nachmahd".

2. Widerspruchsvoll[22] ist auch die Rechtsprechung des RFH zu den mit dem Grasgewinnungsvertrag verwandten **Viehweideverträgen**[23]. RFH RStBl. 1928, 105 Nr. 184 (ohne Gründe) wollte sie in der Regel als Grundstückspacht angesehen wissen. RFH RStBl. 1933, 1247 Nr. 1041[24] hat dagegen in seinem Falle der „Sommerweidegräsung" oder des „Pensionsviehvertrags" Pacht verneint und einen „Vertrag eigener Art" angenommen: eine Besitzergreifung, wie sie der Pacht eigen sei, liege nicht vor, der Viehhalter habe kein Besitzrecht an der Weide. Dementsprechend rechtfertigte er die Abweichung von der erstgenannten Entscheidung damit, daß dort, im Falle von RFH RStBl. 1928, 105, der Viehbesitzer berechtigt gewesen sei, durch den Hirten „Besitzerrechte an den Weiden durch Fernhaltung Unberechtigter und dergl. auszuüben"[25]. Aber es ist ein Irrtum, daß die Besitzergreifung, i. S. des Erwerbs alleinigen unmittelbaren Besitzes am Pachtobjekt, „der Pacht eigen", d. h. begriffswesentlich sei. Der RFH irrte ferner, wenn er annahm, daß der Hirte oder Hüte-

---

[21] Ebenso RFH RStBl. 1929, 603 für die Grasnutzung an Feldwegen.
[22] Vgl. auch *Bernhard,* Die Behandlung von Schafweideverträgen, UStR 1955, 84.
[23] Über die Viehweidung einer Hudegemeinschaft vgl. FG Münster EFG 1954, 92; FG Hannover EFG 1958, 35 Nr. 50.
[24] Ebenso FG Schleswig-Holstein EFG 1953, 22/3.
[25] Das gleiche Argument verwendete BFH UStR 1957, 67, um einem Schafweidevertrag die Vergünstigung des § 4 Nr. 10 UStG zukommen zu lassen.

junge durch das Hüten der Herde Besitz an der Wiese erlange oder als Besitzdiener solchen Besitz für den Herdenhalter ausübe. Der Tierhüter ist Besitzdiener des Tierhalters in bezug auf das gehütete Tier, aber nicht in bezug auf das fremde Grundstück, auf dem das Tier kraft des Weide- oder Pensionsvertrags weidet. „Besitzergreifung" ist der Pacht nur insoweit „eigen", als sie nötig ist, um die pachtvertragsgemäße Benutzung und Nutzung des Pachtobjekts zu ermöglichen. *Diese Besitzergreifung aber findet hier statt mit dem Auftrieb des Viehs auf die fremde Weide.* Wer einem anderen schuldrechtlich und entgeltlich gestattet, dessen Vieh auf seine Weide zu treiben, der verpachtet ihm diese Weide; denn er gestattet ihm deren Gebrauch und den Genuß ihrer Früchte, womit die gesetzlichen Elemente der Pacht gegeben sind. Wer dagegen fremdes Vieh in Pension nimmt, der verpachtet nicht seine Weide dem Halter des Viehs, sondern schuldet ihm Dienst- und Werkleistungen. „Sommerweidegräsung" und „Pensionsviehvertrag" **(Viehpension)** sind also verschiedenartige Verträge und müssen gerade für die umsatzsteuerrechtliche Behandlung unterschieden werden.

3. Mit den angeführten Entscheidungen, soweit sie Kauf statt Pacht annehmen, hat der RFH sich außerdem in Widerspruch gesetzt zu seiner eigenen Rechtsprechung[26] und derjenigen der Zivilgerichte[27] über die Rechtsnatur der sogen. **Ausbeutungsverträge,** in denen der Eigentümer einem Dritten gestattet, aus dem Grundstück Mineralien oder andere Bestandteile zu gewinnen. Diese Verträge werden, wenn die Überlassung der Ausbeutung schuldrechtlich und entgeltlich erfolgt, regelmäßig als Pachtverträge angesehen[28]. Auf ihre Parallelität mit den Grasgewinnungs- oder Grasnutzungsverträgen hat schon RFH 6, 123 (125) hingewiesen.

4. Zur „Entschuldigung" des RFH kann freilich angeführt werden, daß auch die Zivilgerichte in der Beurteilung der Viehgräsungs-, -weide- und Pensionsviehverträge nicht übereinstimmen[29]. Doch hat die Mehrheit

---

[26] RFH 38, 128; 40, 272; 41, 238; 44, 167; 47, 174; 49, 245; 51, 97; RStBl. 1929, 585 = StW 1929 Nr. 787 = JW 1930, 854; RStBl. 1934, 1361 = StW 1934 Nr. 598; RStBl. 1937, 1264 = StW 1937 Nr. 618; RStBl. 1940, 914.
[27] RGZ 6, 4; 27, 279; 74, 367; 94, 280; RG JW 1897, 533; 1899, 62 und 402; 1901, 266; 1902, 224; 1903, 131; 1909, 451; 1919, 379; 1932, 1066; 1938, 943; RG Warn. 1909 Nr. 137; 1937 Nr. 97; RG Dtsch. VerkehrssteuerRdsch. 1932, 143; RG DWA 1933, 462; RG SeuffArch. 83 Nr. 185; BGH RdL 1953, 194; 1956, 165 = ZMR 1956, 328; BGH JZ 1958, 245; BGH RdL 1958, 245; BGH LM Nr. 2 zu § 581 BGB; BayObLG Recht 1909, 2641; KGJ 27 B 6; Braunschweig OLGE 24, 356 = SeuffArch. 67 Nr. 220; Dresden OLGE 36, 68; Kiel OLGE 43, 55; OLG Bamberg JW 1932, 1066; OLG Königsberg DW 1936, 223; OLG Celle DR 1941, 1370.
[28] FG Hannover und Stuttgart EFG 1956, 384 und 350; FG Hannover EFG 1957, 366. — Anders FG Düsseldorf EFG 1958, 14 zu § 8 Ziff. 8 GewStG.
[29] Vgl. KGJ Erg. 1, 6; 11, 176; OLG Celle RdL 1952, 298; OLG Oldenburg NdsRpfl. 1948, 44 und 231; 1949, 179; OLG Kiel SchlHAnz. 1930, 971; 1949, 376/7; OLG Düsseldorf RdL 1956, 102 und die Rechtsprechungsnachweise bei *Herminghausen* RdL 1949, 278 Nr. 105-111.

sich für Pacht oder Pachtähnlichkeit entschieden, was § 1 IV a) LandpachtG bestätigt hat. Jedenfalls aber hätte der RFH diese Judikatur, soweit sie damals schon vorlag, berücksichtigen müssen.

IV. Die Überlassung eines **Kühlraumes** hat der RFH in E 49, 88 als Vertrag besonderer Art bezeichnet und die Eigenschaft als Mietvertrag verneint, weil nur die Leistung von Kälte versprochen sei. Das habe ich schon in meinem Kommentar zum MSchG § 1 Note 139 als „ganz einseitig" bezeichnet — einseitig deshalb, weil mindestens auch die Überlassung von Raum versprochen ist. Aber selbst wenn Gegenstand des Vertrages nur die Kältelieferung wäre, so wäre damit der Vertrag kein solcher „besonderer Art", d. h. ein atypischer oder Innominatkontrakt, sondern dann würde es sich um einen Werkvertrag handeln. Tatsächlich liegt aber bei der Kühlraumüberlassung ein Mietvertrag mit Nebenleistung vor, wie das Reichsgericht dreimal entschieden hat: in JW 1913, 639 = Warn. 1913 Nr. 285, in RGZ 137, 360 und in JW 1933, 2762/3 = DJ 1933, 718. Diese drei Entscheidungen hätte der RFH um so weniger übersehen oder übergehen dürfen, als sie zum Stempelsteuerrecht ergangen sind. Auch der BGH hat in V ZR 110/50 vom 11. 1. 1952[30] in Bestätigung von OLG Düsseldorf BB 1950 Nr. 2164 die Überlassung von Kühlhauszellen als Vermietung angesehen.

V. 1. Ebenfalls zu Unrecht wurde der mietrechtliche Bestandteil vom RFH (RStBl. 1934, 1393 = StW 1934 Nr. 704) geleugnet bei der **Überlassung bestimmter Plätze eines Kurparks an Berufsphotographen.** Selbst wenn es zuträfe, daß solche Verträge nur auf die Gestattung der Gewerbeausübung und auf den Schutz vor Wettbewerb gerichtet seien, so würde daraus nicht folgen, daß es sich um „gemischte Verträge" handele; dann läge vielmehr Rechtspacht vor — also sehr wohl eine „Verpachtung i. S. des bürgerlichen Rechts", was der RFH fälschlich verneint hat — nur keine Grundstückspacht. In Wahrheit waren hier beide Pachtarten gemischt, so daß entsprechend den Grundsätzen des RFH[31] und des BFH[32] über die Unternehmensverpachtung das Entgelt zu zerlegen war in den Teil, der auf die Platzmiete, und den, der auf die „Concession" entfiel.

---
[30] LM Nr. 2 zu § 535 BGB = ZMR 1953, 338 = HW 1952, 309 = BB 1952, 310.
[31] E 13, 298; 20, 137; 24, 50; 24, 334; 41, 313; RStBl. 1944, 590. Anders nur RFH RStBl. 1931, 69 Nr. 89.
[32] E 61, 155.
[33] E 38, 304; 39, 49; 51, 139; 51, 143; 52, 186. Ebenso der BFH in E 65, 583 unter Aufhebung von FG Münster EFG 1956, 368, das, wie in EFG 1955, 124 und wie FG Düsseldorf EFG 1956, 270, das gesamte Entgelt versteuert hatte.

2. Eine solche Zerlegung hat der RFH[33] vorgenommen und eine Mischung von Grundstücksüberlassung und Rechtsverleihung angenommen u. a. bei **Verträgen zwischen einer Kommune und einem Unternehmer über die Elektrizitätsversorgung oder den Straßenbahnbetrieb** der Gemeinde[34]. Das Reichsgericht[35] hat solche Verträge als Grundstücksmietverträge charakterisiert. Daß hier der Grundstücksgebrauch eine wesentlich größere Rolle spiele als bei den Kurparkphotographen, ist nicht anzuerkennen. Eher liegt es umgekehrt, da dem Elektrizitäts- oder Straßenbahnunternehmer ja nur ein Mitgebrauch des im Gemeingebrauch stehenden Straßengeländes eingeräumt wird[36]. Die Grundstücksüberlassung ist bei der Konzessionierung[41] der Photographen nicht weniger wesentlich als bei den Elektrizitätswerken, zumal die Photographen ganz bestimmte Standplätze angewiesen erhielten.

3. Wenn schließlich der RFH im Photographenurteil noch den „Schutz vor dem Wettbewerb anderer Gewerbetreibender des gleichen Geschäftszweigs" als wesentlichen Vertragsinhalt anführte, so steht auch das im Widerspruch zu der vorzitierten Rechtsprechung über die Elektrizitätsverträge: In E 52, 186 hat der RFH ausdrücklich klargestellt, daß diese Verträge als aus Grundstücks- und Konzessionsüberlassung gemischt und daher zerlegungsfähig anzusehen seien ohne Rücksicht darauf, ob ein **Wettbewerbsschutz** vereinbart sei oder nicht.

4. In diesem Zusammenhang sei noch auf das Urteil BGHZ 19, 85[37] hingewiesen: Die Stadt Berlin hatte einem **Straßenhändler** entgeltlich gestattet, auf dem Bürgersteig vor einem bestimmten Hause einen Verkaufsstand zu unterhalten. Hier hat der BGH nach Klärung, daß diese Art des Straßengebrauchs über den Gemeingebrauch hinausgehe, dennoch das Vorliegen eines Mietvertrags verneint und einen Vertrag „besonderer Art" angenommen, weil eine bloße Duldung oder *Gestattung*, aber keine *Gewährung* des Straßengebrauchs vorliege. Das hat der BGH daraus entnommen, daß die Erlaubnis „unbeschadet der Rechte Dritter" und unter dem Vorbehalt jederzeitigen Widerrufs erfolgt war, vor allem aber daraus, daß die Abwehr von Besitzstörungen allein dem Händler, nicht der Stadt oblag. Ob diese Auslegung des Vertrags als bloße Gebrauchs*gestattung* statt Gebrauchs*gewährung* richtig war, kann offenbleiben und ist eine Frage des Einzelfalles. Jedenfalls war die Schluß-

---

[34] Gestattet der Bahnunternehmer der Stadt entgeltlich die Mitbenutzung seiner Bahnanlagen, so greift § 4 Nr. 10 UStG ein. Diese „Rücküberlassung" kann nicht anders als die Überlassung des Straßengeländes von der Stadt an den Unternehmer behandelt werden, RFH StW 1932 Nr. 879.

[35] Für die Leitungsverlegung RG Warn. 1913 Nr. 284; HRR 1933 Nr. 1236. Für die Bahnverträge (Mietstempel!) RGZ 108, 204; 97, 22; 88, 14; 55, 302; 42, 209; Gruchot 46, 361; 29, 689; Warn. 1917 Nr. 69.

[36] RGZ 108, 205.

[37] = NJW 1956, 104 = HW 1956, 128 = ZMR 1956, 139 = JR 1956, 413 = BerlGE 1956, 244.

folgerung des BGH zutreffend, daß dann kein Mietvertrag vorlag, weil § 535 BGB die *Gewährung* des Gebrauchs der Mietsache verlangt. Zur Rechtfertigung der hier behandelten Rechtsprechung des Finanzhofs kann dieses Urteil des BGH jedenfalls nicht dienen, da es der Finanzhof, soweit ich sehe, niemals[38] auf diesen Unterschied von Gestattung und Gewährung des Sachgebrauchs abgestellt hat.

Überdies ist dieser Unterschied m. E. umsatzsteuerrechtlich[39] unerheblich. Auf ihn kann es für die Frage der Anwendung des § 4 Nr. 10 UStG nicht ankommen. Diese Bestimmung muß vielmehr auf jedes Entgelt für die schuldrechtliche Gebrauchsüberlassung eines Grundstücks oder Grundstücksteils angewendet werden, auch wenn diese Überlassung ausnahmsweise nicht miet- oder pachtweise erfolgt. Insoweit ist Analogie wegen Gleichheit der Interessenlage zwingend geboten — auch durch Art. 3 I Grundgesetz.

VI. 1. Bei der **Verpachtung des Badebetriebs** auf einer Nordseeinsel durch die Gemeinde an einen Privatunternehmer hat der RFH in V A 15/29 vom 22. 3. 1929 Unternehmenspacht angenommen und jede Steuerbefreiung abgelehnt. Damit widersprach er erstens seiner eigenen Rechtsprechung über die Notwendigkeit der Zerlegung des Entgelts bei der Unternehmenspacht[40] — zweitens der Entscheidung des Kammergerichts in KGJ 52, 397, das bei der Überlassung des Meeresstrandes durch den Staat an die Gemeinde unterschieden hat die Vermietung des Meeresufers durch den staatlichen Fiskus von der Verleihung der Sondernutzung des grundsätzlich im Gemeingebrauch stehenden Strandes an die Gemeinde durch Hoheitsakt. Demgemäß liegt dann, wenn die so vom Staat „beliehene" Gemeinde den Badestrandbetrieb einem Unternehmer überläßt, Untermiete oder Weiterverpachtung des Strandes, also eines Grundstücks, und nicht Unternehmenspacht vor.

2. Erhebt die Gemeinde oder Kurverwaltung von den **gewerblichen Strandkorbvermietern** ein Entgelt für die Genehmigung, am Strand Strandkörbe aufzustellen, so handelt es sich um eine Mischung von Grundstücks- und Rechtsüberlassung, so daß das Entgelt für die Umsatzsteuer zu zerlegen ist. Das FG Schleswig-Holstein (EFG 1955, 61) hat dagegen einen „Vertrag besonderer Art" angenommen, der nicht unter § 4 Nr. 10 UStG falle, weil es „an dem für einen Grundstücksmietvertrag wesentlichen Merkmal der Besitzergreifung des Grundstücks durch den Mieter" fehle — der alte, oben S. 10 gerügte Fehler —

---

[38] Auch nicht in E 62, 150, wo der BFH sich zu Unrecht auf BGHZ 19, 85 berufen hat, s. o. S. 12 Ziff. 2.
[39] Ebenso für das Stempelsteuerrecht RFH 48, 61 betr. Gestattung der Rohrverlegung gegen 3 RM jährlich: Grundstücksmiete!
[40] Vgl. o. S. 17 in und zu Anm. 31, 32.

und weil der Befugnis zur Strandbenutzung nur eine untergeordnete Bedeutung zukomme im Verhältnis zu dem „Hauptinhalt des Vertrags": der Einräumung des „Rechts, am Badestrand das Gewerbe einer Strandkorbvermietung ausüben zu dürfen". Aber dieses Recht hat die Strandfläche zum notwendigen Substrat. Die Grundstücksüberlassung ist ein wesentliches Element des Gesamtvertrags, der ohne dieses nicht bestehen kann.

VII. 1. Eine Mischung von **Grundstücksüberlassung und Konzessionsverleihung**[41] und damit eine Häufung von Grundstücksmiete (oder -pacht) mit Rechtspacht liegt auch vor, wenn eine Gemeinde einem Unternehmen das städtische Anschlagwesen oder das ausschließliche Recht zur Benutzung der städtischen Anschlagtafeln und Litfaßsäulen überträgt. Hier hat bereits RGZ 82, 343 die Überlassung der körperlichen Gegenstände als nebensächlich neben der Konzessionsverleihung angesehen und deshalb eine andere stempelsteuerrechtliche Behandlung als bei den Elektrizitätsversorgungs- und Straßenbahnverträgen verlangt: die Versteuerung als Pachtvertrag über einen unkörperlichen Gegenstand. Rechtspacht nahm auch RG DJ 1934, 837 an, wo die Gemeinde „das alleinige und gesamte Recht zur Benutzung des öffentlichen Anschlages und Plakatwesens" „verpachtet" hatte. Der BGH hat in NJW 1952, 620 = ZMR 1953, 280 = LM Nr. 1 zu § 36 MSchG den Mieterschutz eines solchen **Plakatanschlagsvertrags** verneint, wenn und weil „die Überlassung der Grundfläche zur Aufstellung der Anschlagsäulen im Vergleich zu den übrigen Leistungen" der Stadt, „vor allem der Einräumung eines monopolartigen Rechts, Plakatanschlag an den Anschlagsäulen zu treiben, ganz nebensächlich ist" — was Tatfrage des Einzelfalles sei. Damit stimmt die einschlägige Rechtsprechung des RFH überein: RFH 46, 281; 47, 266; 49, 175.

2. Von diesen drei Entscheidungen fordert aber die zweite (E 47, 266) in ihrer Begründung zur Kritik heraus. Sie beruft sich auf RFH 33, 109. Diese Entscheidung aber betraf die **Vermietung einer Gebäudefläche zur Außenreklame**. Hier hatte der RFH die Steuerfreiheit nach § 2 Nr. 4 UStG 1926 verneint, weil es sich um die gewerbliche (!) Vermietung von Grundstücksteilen handelte. Das beruhte darauf, daß nach damaligem Umsatzsteuerrecht „die Vermietung und Verpachtung eingerichteter Räume" von der Umsatzsteuerbefreiung der Grundstücksmiete ausgenommen war und der RFH diese Regelung der Umsatzsteuergesetze 1918 ff. dahin auslegte, daß Raummieten nur dann steuerbefreit

---

[41] Über die Rechtsnatur solcher „Concessionen" vgl. grundlegend *Klaus Stern*, Zur Problematik des energiewirtschaftlichen Konzessionsvertrags, AöR 84 (1959), 138—184.

seien, wenn es sich um unmöbliert vermietete Wohnräume handele. Das UStG 1934 hat aber diese Sonderbehandlung der eingerichteten Räume gestrichen und damit E 33, 109 die „rechtliche Grundlage" entzogen, was der RFH in E 47, 268 unverständlicherweise und offensichtlich zu Unrecht bestritt.

a) Er setzte sich ferner zu seiner E 31, 123 in Widerspruch, wo er die entgeltliche Überlassung „von Fußboden- und Wandflächen eines Bahnhofsgebäudes zur Aufstellung von Automaten oder Schaukästen"[42] als umsatzsteuerfreie Grundstücksvermietung qualifiziert hatte[43].

b) In E 47, 268 irrte er aber auch insoweit, als er behauptete, „ein Unterschied zwischen der Vermietung von Außenflächen eines Hauses zu Reklamezwecken und der Vermietung von Reklameflächen an einer Litfaßsäule" könne „nicht gemacht werden". Das Gegenteil ist richtig. Die Litfaßsäulen werden im Rahmen eines umfassenderen Vertrags überlassen, der primär auf eine andere Leistung als auf die Gebrauchsgewährung einer Sache gerichtet ist: auf die Einräumung einer ausschließlichen Gewerbeberechtigung, nämlich des städtischen Anschlagwesens. Hier tritt neben und vor die Sachmiete die Rechtspacht. Davon ist bei der bloßen Überlassung einer Reklamefläche an einem Gebäude keine Rede. Hier liegt lediglich Sachmiete, und zwar Gebäudemiete und damit Grundstücksmiete, vor. Hier wird nur ein Gebäudeteil und damit ein Grundstücksteil überlassen — nichts weiter. Hier wird nicht eine Gewerbeerlaubnis erteilt, sondern nur die Benutzung eines Gebäudeteils erlaubt. Es liegt also Grundstücksmiete und nicht Rechtspacht vor[44].

---

[42] Ebenso RFH StW 1933 Nr. 172 Ziff. 3 betr. Aufstellung von Automaten, Personenwaagen und Verkaufsständen im Bahnhof.

[43] Zu Unrecht erklärt FG Kassel EFG 1955, 252 diese Entscheidung des RFH als durch die Neufassung des UStG 1934 überholt. Überholt ist nur der Leitsatz 1 vom RFH 31, 123, bestätigt in RFH StW 1933 Nr. 172 Ziff. 1, wonach die Vermietung von hergerichteten (!) Nischen und eingerichteten (!) Verkaufsständen des Bahnhofs als Vermietung eingerichteter Räume steuerpflichtig war.

[44] Vgl. *Ringelmann-Freudling* UrkStG (2. Aufl. 1940) § 13 S. 276: „Ein Mietvertrag liegt hier regelmäßig vor, wenn der Eigentümer einer Sache einem anderen gestattet, an dieser Sache (z. B. einer Hauswand, einem Gartenzaun, einer Anschlagsäule, einem Theatervorhang usw.) oder auf dieser Sache (Grundfläche, Dach eines Gebäudes usw.) Werbebilder anzubringen, einen Schaukasten aufzuhängen, Lichtreklame durchzuführen, Werbetafeln aufzustellen und zu beleuchten usw. Hingegen liegt ein Pachtvertrag (Rechtspacht) vor, wenn der Eigentümer das ihm als Ausfluß seines Eigentumsrechts zustehende Recht, die in Ansehung der ihm gehörenden Gegenstände bestehenden Reklamemöglichkeiten auszunützen, einem anderen überträgt. Dies ist namentlich der Fall, wenn eine Stadt das Recht, ihre Verkehrsräume (Straßen, Plätze usw.) und sonstigen Einrichtungen durch Anbringung von Werbetafeln, Aufstellung von Plakattafeln und -säulen für Werbezwecke zu verwenden, einem andern gegen Entgelt überläßt. Die Tatsache, daß für die Aufstellung und den Betrieb der Anschlagtafeln und Anschlagsäulen Teile der öffentlichen Straßen, Plätze usw., also körperliche Gegenstände, dem Werbeunternehmen überlassen werden, tritt hier in ihrer wirtschaftlichen Bedeu-

c) Freilich ist in der mietrechtlichen Literatur nicht unbestritten, ob die Vermietung von Außenflächen eines Gebäudes Grundstücksmiete ist. Aber als Alternative zur Grundstücksmiete wird nicht die Rechtspacht angesehen, sondern die Mobiliarmiete[44a]. Gestritten wird nur darum, ob auch die Außenflächen unter § 580 BGB fallen[45], ob also Raummiete vorliegt. Darauf kommt es aber für das Umsatzsteuerrecht nicht an.

Daher widerspricht es dem hier vertretenen Standpunkt auch nicht, wenn ich in § 1 Erl. 65 meines Kommentars zum MSchG in Übereinstimmung mit der h. M. für solche Mietverträge über Wände und Dächer den Mieterschutz verneint habe; denn der Mieterschutz wird nicht mangels Mietverhältnisses verneint, sondern weil er sich auf Räume beschränkt, die Wand- und Dachflächenmiete aber keine Raummiete ist. Alle Urteile, die sich mit dem Mieterschutz solcher Verträge über die Außenflächen von Gebäuden beschäftigen, gehen jedoch davon aus, daß es sich dabei um Immobiliarmiete handelt.

d) Trotzdem hat der BFH in E 65, 585 bezweifelt[46], ob „man in Fällen der vorliegenden Art überhaupt von einer Vermietung oder Verpach-

---

tung gegenüber der Rechtspacht als dem Hauptgegenstand des Vertrags zurück... Plakatierungsunternehmen schließen, wenn sie Hauswände, Anschlagflächen an Zäunen, Plakatsäulen usw. mieten und hieran Anschläge für Interessenten (Konzert-, Theater-, Ausstellungs-, Reklameanzeigen) anbringen, regelmäßig mit den Grundstücks- usw. Eigentümern einen Mietvertrag (u. U. auch eine Rechtspacht, s. o.) und mit den Interessenten Werkverträge ab." — Diesen sauberen und zutreffenden Unterscheidungen kann man nur zustimmen.

Boruttau UrkStG (5. Aufl. 1940) § 13 Erl. 2 (6) zu 2) S. 146: „Mietverträge sind deshalb in folgenden Beispielsfällen gegeben: Grundstückseigentümer vermieten bestimmte Hauswände zur Anbringung von Werbebildern oder andere geeignete Gebäudeteile zur Anbringung von Lichtreklame."

[44a] Genauer: die Nicht-Immobiliarmiete. Denn das BGB unterscheidet — technisch — nicht zwischen Mobiliar- und Immobiliarmiete, sondern es regelt die Miete von Sachen (= körperlichen Gegenständen, § 90 BGB) im allgemeinen und trifft außerdem für die Miete von Grundstücken eine Reihe von Sonderregelungen, die es in § 580 auf die Vermietung von Räumen für anwendbar erklärt.

[45] Bejahend *Endemann*, Lehrbuch des Bürgerlichen Rechts, Bd. I (8. Aufl.) § 167 Anm. 37; *Goldmann-Lilienthal* BGB Bd. I (2. Aufl.) § 152 Anm. 4; *Kiefersauer* bei Staudinger, BGB § 580 Erl. 5; *Mittelstein* a.a.O. S. 19; LG Berlin JW 1934, 1130.
Verneinend *Crome*, System des Deutschen Bürgerlichen Rechts, Bd. II, § 234 Nr. 16; *Dernburg*, Das Bürgerliche Recht, Bd. II (4. Aufl.) § 216 III; *Gramm* in Palandt BGB (18. Aufl.) § 580; *Pritsch* in RGR-Komm. z. BGB (10. Aufl.) § 580 Anm. 1; *Schopp* in Erman, BGB (2. Aufl.) § 580.

[46] Verneint von FG Kassel EFG 1955, 251 mit der Begründung, der Leistungsinhalt gehe nicht auf eine reine Überlassung von Grundstücken oder Grundstücksteilen, vielmehr sei hier die Ermöglichung der Wirtschaftswerbung zum wesentlichen Vertragsinhalt erhoben, der den formellen Mietvertrag überdecke, zumindest aber die Überlassung der Gebäudeaußenfläche stark in den Hintergrund treten lasse. Aber die Reklame ist bei Verträgen dieser Art nicht Gegenstand oder Inhalt, sondern nur Zweck und allenfalls Grundlage des Vertrags — so wie der Geschäftsbetrieb oder die Gewerbeausübung bei der Vermietung von Geschäftsräumen, s. u. S. 46 u. Anm. 126. Selbst wenn

tung sprechen kann"⁴⁷. Er hat die Frage offengelassen und die Anwendung des § 4 Nr. 10 UStG 1951 deshalb abgelehnt, weil „insoweit, als Wandflächen oder Dachflächen zur Anbringung von Reklamen gegen Entgelt überlassen werden, das Schutzbedürfnis fehlt"; darauf sei die Vorschrift „nicht gemünzt". Das folgert der BFH aus der wirtschaftspolitischen Erwägung, die angeblich der Befreiungsvorschrift des § 4 Nr. 10 und seiner Änderung durch das UStG 1934 zugrunde liegen soll. Aber wenn es wirklich auf die Jahrzehnte zurückliegenden, im übrigen höchst zweifelhaften wirtschaftlichen Erwägungen des damaligen Gesetzgebers ankäme, die nach dem BFH auf die Schonung des preisgebundenen Vermieters und der durch die Überwälzung der Umsatzsteuer bedrohten Mieter gerichtet gewesen sein soll, dann müßte § 4 Nr. 10 UStG überall dort entfallen, wo keine staatlichen Preisbindungen mehr bestehen, wie bei allen Geschäftsräumen und vielen Neubauwohnräumen, bei allen Geschäftsgrundstücken und Trümmergrundstücken — und wo keine Gefahr der Überwälzung auf die Mieter besteht oder wo diese die Überwälzung unbedenklich tragen können. Daß mit solchen Erwägungen § 4 Nr. 10 völlig aus den Angeln gehoben und zur Disposition der Finanzbehörden und -gerichte gestellt würde, liegt auf der Hand. Zugleich liegen darin der Übergang zur wirtschaftlichen Betrachtungsweise und die Aufgabe der Grundregel in der Anwendung des § 4 Nr. 10: daß der Begriff der Vermietung und Verpachtung von Grundstücken sich nach bürgerlichem Recht bestimmt. Das gibt der BFH indirekt⁴⁸ auch zu, wenn er im drittletzten Absatz seiner Entscheidung sagt, daß er „im übrigen" (!) bei seiner bisherigen Rechtsprechung über die Maßgeblichkeit des bürgerlichen Rechts bleibe und deshalb eine Ausnahme von der Umsatzsteuerpflicht der Reklameflächenvermietung dann zulasse, wenn es sich um die Außenwände von vermieteten Geschäftsräumen handele und deren Mieter an diesen Wänden Reklame treibe.

VIII. Besondere Schwierigkeiten macht den Finanzgerichten und -ämtern die Abgrenzung von **Miete und Verwahrung**.

1. Mit der kaufmännischen Verwahrung von Gütern, der **Lagerei**⁴⁹, hat sich der RFH in Mrozek UStG 1926 § 2 Nr. 4 R 9 und in RStBl. 1944,

---

aber die „Ermöglichung der Wirtschaftswerbung" oder die „Einräumung des Rechts, auf der betreffenden Außenfläche Wirtschaftswerbung zu treiben", zum Vertrags*inhalt* erhoben wäre, entfiele damit noch nicht die Anwendbarkeit des § 4 Nr. 10 UStG, sondern dann läge eine Mischung von Grundstücksmiete und Rechtspacht vor, so daß das Entgelt dafür zu zerlegen wäre, weil die Flächenüberlassung ein wesentlicher und wichtiger, aber kein nebensächlicher Bestandteil des Vertrags ist.

⁴⁷ Ebenso *Wauer* StW 1958, 214/5 a. E.
⁴⁸ Und direkt *Wauer* in der Besprechung dieses Urteils in StW 1958, 214/5.
⁴⁹ Vgl. § 1 Ziff. 6, §§ 416 ff. HGB.

493 befaßt. In beiden Fällen hat er im Ergebnis richtig die Steuerfreiheit verneint, aber jeweils mit unrichtiger Begründung.

a) In der Entscheidung von 1928 stellte der RFH darauf ab, daß das Lagerhaus neben der Lagerung auch „die Bearbeitung des Getreides zur Gesunderhaltung" übernommen hatte, so daß zwei Leistungen, die eine „wirtschaftliche Einheit" darstellten, den Gegenstand des Vertrags bildeten, den der RFH bald als „gemischten", bald als „unbenannten" Vertrag bezeichnet hat. Aber die zusätzliche Bearbeitungspflicht war für die Entscheidung der umsatzsteuerrechtlich allein wesentlichen Frage, ob Miete oder Verwahrung vorlag, ganz unerheblich. Auch die reine Lagerei ohne jede Zusatzleistung ist niemals Miete. Die Verwahrung ist nicht eine Abart oder eine qualifizierte Form der Miete, sondern ein durchaus andersartiger Vertrags- und Leistungstyp.

b) Das hat der RFH in der Entscheidung von 1944, in der er sich um die „grundsätzlichen Unterscheidungsmerkmale" von „Mietverträgen und Lagerverträgen" bemüht hat, verkannt. Bei ihrer „Gegenüberstellung" soll sich „stets eine Reihe von Gesichtspunkten" finden, „die beiden Verträgen gemeinsam sind". Aber ich vermag keine gemeinsamen Elemente zwischen ihnen zu erkennen, außer daß es sich bei beiden um gegenseitige, um Austauschverträge handelt, was in unserem Zusammenhang aber unerheblich ist. Der RFH sieht das Verhältnis beider Verträge so: „Wer nur Gegenstände oder Plätze vermietet und die Sorge um die Aufbewahrung nicht übernimmt, ist nicht Lagerhalter. Beim Mietvertrag ist also eine ganz bestimmte Sache Gegenstand des Vertrags, beim Lagervertrag ist Gegenstand des Vertrags die Lagerung und Aufbewahrung dieser (!) Sache." Das „diese" ist offensichtlich falsch. Der Gegenstand der Aufbewahrung ist mit dem Gegenstand der Miete niemals identisch. Aufbewahrt wird das Gut in dem Lagerraum, gemietet wird dieser Raum zwecks Lagerung des Gutes. So sieht doch die Rechts- und Interessenlage dessen aus, der etwas aufzubewahren hat, ohne dafür über Raum zu verfügen: entweder mietet er sich von einem Dritten einen Raum, damit er darin sein Gut aufbewahrt — oder er übergibt dem Dritten das Gut, damit dieser es in seinen, des Dritten, Räumen für den Hinterleger verwahrt. Die Aufbewahrung ist also nicht eine durch die Obhutspflicht des Verwahrers gesteigerte Miete, wie es der RFH darstellt, sondern eine ganz andersartige Leistung. Der Verwahrer überläßt nicht Räume und übernimmt dazu noch die Aufbewahrung und die Sorge um die in den Mieträumen gelagerten Sachen, sondern er schuldet nur die Aufbewahrung in seinen Räumen, deren Besitzer und Verfügungsberechtigter er bleibt, während der Hinterleger keine Verfügungsmacht über die Räume und kein Gebrauchsrecht an ihnen erwirbt. Die Aufbewahrung tritt nicht zur Gebrauchsgewährung hinzu, sondern an deren Stelle. Entweder verwertet der Lagerkaufmann seine Lagerräume derart, daß er sie an Inhaber von Gütern vermietet, oder derart, daß er sie behält und die fremden Güter zur Einlagerung übernimmt. Letzterenfalls ist er der Lagerhalter, der Verwahrer, und bleibt er Besitzer und Benutzer der Lagerräume, deren Gebrauch allein ihm zusteht — im ersten Falle ist er Vermieter, während die Lagerung, Aufbewahrung oder Verwahrung der Güter durch den Mieter erfolgt.

Dem entspricht folgende Gestaltung der Besitzverhältnisse: Wird das Lagerbedürfnis in der Rechtsform der Miete befriedigt, dann bleibt der Mieter und Einlagerer Besitzer des Lagergutes und wird in der Regel[50] Besitzer des Lagerraums. Wird dagegen die Rechtsform der Verwahrung oder Lagerei gewählt, dann verliert der Inhaber des Lagergutes, der „Hinterleger" oder „Einlagerer", den unmittelbaren Besitz am Lagergut, das in den unmittelbaren Besitz des „Lagerhalters" übergeht, der dem Einlagerer den mittelbaren Besitz des Lagergutes i. S. des § 868 BGB vermittelt und der unmittelbarer Besitzer des Lagerraums bleibt. Von dieser Gestaltung der Besitzverhältnisse geht offensichtlich auch § 418 HGB aus. Darin allein liegen die entscheidenden Unterschiede zwischen Miete und Lagerei — und nicht darin, worauf es der RFH in RStBl. 1944, 493 noch abgestellt hat: daß „der Mietvertrag eine genau bezeichnete Sache zum Gegenstand" habe, während in dem vom RFH entschiedenen Falle Vertragsgegenstand nicht ein bestimmter Tank, sondern nur eine bestimmte Menge von Tankraum (für 50 000 Tonnen) war und das Lagerhaus sich die Umlagerung des Lagergutes vorbehalten hatte. Es trifft nicht zu, daß nur eine genau bezeichnete Sache oder nur ein ganz bestimmter Gegenstand, Raum oder Platz vermietet werden könne. Die nähere Bezeichnung oder Bestimmung des Mietgegenstandes kann einer der beiden Parteien überlassen werden[51] — auch derart, daß die Bestimmung wechselt: dem Mieter kann gestattet werden, heute diesen, morgen jenen Gegenstand, Platz oder Raum zu benutzen, oder den Platz oder Raum, den ihm jeweils der Vermieter wechselnd anweist.

2. Die Forderung nach dem genau bezeichneten und abgegrenzten Platz findet sich auch in dem einzigen Urteil des RFH (StW 1938 Nr. 383) zu der heute so wichtigen Frage: **Garagenmiete oder Autoaufbewahrung?**[52] Doch hat der RFH in seinem Falle der Großgarage nicht allein darauf abgestellt, ob der Kraftwagenbesitzer bestimmte Boxen oder Plätze angewiesen erhielt oder ob er seinen Wagen an ganz beliebigen Stellen aufstellte, sondern auch darauf, ob der Garagenunternehmer auch die Obhut der Fahrzeuge übernahm oder nur deren Haltern Raum für ihre Unterstellung zur Verfügung stellte. Doch ist auch diese Frage-

---

[50] Nur in der Regel, nicht immer und nicht notwendig, s. o. S. 10 Ziff. II.
[51] S. o. S. 11 sub 1 Abs. I a. E.; S. 12 sub 3; s. u. S. 49 sub 6.
[52] Zur Frage: Platzmiete oder Verwahrung beim Parkplatz? vgl. o. S. 11 Ziff. 1.

stellung noch zu eng, wie zu 1b) dargelegt. Es genügt zur Annahme eines Verwahrungsvertrags nicht, daß der Garagenbesitzer die Obhut über die bei ihm eingestellten Fahrzeuge übernimmt. Trotzdem kann Miete vorliegen; die Obhut kann als Nebenleistung zum Mietvertrag hinzutreten. Nur das Fehlen der Obhutspflicht ist ein Kriterium dafür, daß keine Verwahrung vorliegt. Ohne Obhut keine Verwahrung! Wohl aber gibt es Miete mit Obhut.

a) Zwar hat der BGH seiner Entscheidung BGHZ 3, 200 = NJW 1951, 957 = ZMR 1952, 13 den Leitsatz vorangestellt: *„Die Miete erschöpft sich in der bloßen Gebrauchsüberlassung eines Raumes oder Raumteils; bei der Verwahrung tritt die Übernahme einer besonderen Obhutspflicht seitens des Rauminhabers hinzu."* Diesen Leitsatz habe ich in ZMR 1952, 61 kritisiert, indem ich darlegte, daß die Obhutspflicht auch Nebenpflicht eines Mietvertrages sein kann, daß vielmehr entscheidend die vertragliche Gestaltung der Besitzverhältnisse ist. Meine Kritik hat die Zustimmung von *Kiefersauer*[53] gefunden. Meine Auffassung, die ich schon in § 1 Anm. 42 meines Kommentars zum MSchG vertreten habe, stimmt überein mit OLG Stuttgart Recht 1916 Nr. 1361, OLG Breslau OLGE 24, 201 und OLG Dresden JW 1931, 891/2. Aber auch *Mittelstein*[54], der das Unterscheidungsmerkmal in der selbständigen Obhutspflicht sieht, fordert, daß der Verwahrer, um die Obhut ausüben zu können, die Herrschaft über den Raum hat, worin er die Sache verwahrt, und den Besitz an der zu verwahrenden Sache. Selbst BGHZ 3, 200 stellt, anders als in dem einseitig formulierten Leitsatz, in den Entscheidungsgründen auch auf die Besitzverhältnisse ab, wenn er an der entscheidenden Stelle sagt: *„Der für die Begründung des Berufungsurteils entscheidende Umstand liegt nicht so sehr in der Nichtüberlassung eines eigenen Schlüssels an die Klägerin, als in der gleichmäßig für alle eingelagerten Gegenstände seitens der Beklagten ausgeübten Überwachung und Kontrolle bei den späteren Entnahmen der Klägerin, aus der das Berufungsgericht die Überlassung des unmittelbaren Besitzes des Lagerguts an die Beklagte und die Übernahme einer Obhuts- und Verwahrungspflicht seitens der letzteren folgert. Damit hat das Berufungsgericht zutreffend die unterscheidenden Merkmale der Verwahrung gegenüber der Miete hervorgehoben, die sich in der Gebrauchsüberlassung eines Raumes oder Raumteiles ohne besondere Obhutspflicht für die eingebrachten Gegenstände erschöpft haben würde."*

b) Danach ist für die Qualifizierung der Garagenbenutzung als Miete oder Verwahrung nicht entscheidend, ob Groß- oder Kleingarage und ob Einzel- oder Sammelbox. Auch bei Einstellung in eine Einzelbox oder

---

[53] bei Staudinger, Kommentar zum BGB 11. Aufl. § 535 Anm. 32.
[54] Die Miete (4) S. 71.

in eine nur für ein Fahrzeug bestimmte Garage kann Verwahrung vorliegen[54a] — und bei Einstellung in eine Sammel- oder Großgarage Miete[55], selbst wenn der Autohalter dort wechselnde Plätze sich wählt oder angewiesen erhält und selbst wenn der Garagenunternehmer die Obhut des Autos übernimmt. Das ist dann keine Verwahrung, wenn der Autohalter die Autoschlüssel und damit den unmittelbaren Alleinbesitz des Autos behält. Überträgt er ihn dagegen auf den Garagenunternehmer, so liegt auch dann Verwahrung, nicht Miete vor, wenn das Auto in einer Einzelbox steht. In diesem Falle kann die Besitzübertragung nicht nur durch Übergabe der Autoschlüssel erfolgen, sondern auch dadurch, daß der Autohalter keine Schlüssel zu der abschließbaren Einzelgarage oder Einzelbox erhält — wenn also das Auto nicht unter dem Verschluß seines Halters, sondern des Garagenbesitzers steht. Im umgekehrten Falle liegt Miete vor — aber auch dann, wenn jeder Vertragspartner einen Schlüssel zur Garage hat[56].

c) Der RFinMin hat in einem Erlaß S 4141 — 50 III vom 29. 6. 1937[57], dessen Weitergeltung bestritten ist[58], angeordnet, daß bei solchen „Einstellungsverträgen", wenn sie für mindestens einen Monat laufen, 20 Mark monatlich steuerfrei sein sollen, während bei Einstellung von kürzerer Dauer das Entgelt voll versteuert werden soll. Diese Aufteilung nach der Höhe des Entgelts und der Dauer der Einstellung ist völlig willkürlich und unhaltbar[59]. Daß auch die kurzfristige Gebrauchsgewährung Miete ist oder sein kann, wurde schon o. S. 10 Ziff. I dargelegt. Aber auch die Begrenzung der Steuerbefreiung auf 20 DM monatlich entbehrt jeder gesetzlichen Grundlage. Eine Zerlegung des Entgelts ist nur dann zulässig, wenn der Garagenunternehmer noch andere Leistungen als die Raum- oder Platzüberlassung gewährt, etwa Wartung oder Pflege des Autos; bloße Obhut dagegen ist übliche Nebenleistung und daher ebenfalls steuerfrei[60]. Ist der Einstellungsvertrag aber im Einzelfalle kein Miet-, sondern ein Verwahrungsvertrag, dann ist das gesamte Entgelt umsatzsteuerpflichtig, die Befreiung von 20 Mark also wiederum gesetzwidrig.

3. a) In seinem Garagenurteil (StW 1938 Nr. 383) hat sich der RFH auf sein Urteil RStBl. 1937, 11 = StW 1937 Nr. 169 betr. **Bootsstände** beru-

---

[54a] Vgl. RFH 21, 289 (291) a. E.
[55] „Mieten einer Box in einer Großgarage ist regelmäßig nur Raummiete", *Müller*, Straßenverkehrsrecht (20. Aufl. 1957) S. 259. „Die vertragliche Überlassung eines Standplatzes in einer Sammelgarage stellt einen Mietvertrag, keinen Verwahrungsvertrag dar", LG Mannheim ZMR 1959, 105 = DAutoR 1958, 328. Vgl. auch *Heinitz* JW 1931, 892 Anm.
[56] Vgl. OLG Dresden JW 1931, 892 mit Anm. von Heinitz.
[57] Umsatzsteuerkartei S 4141 K 5.
[58] Dafür *Plückebaum-Malitzky* UStG Tz. 2801, *Heyer* UStR 1958, 51; dagegen *Sölch-Ringleb* UStG (6. Aufl. 1957) Nr. 198.
[59] Kritisch auch *Heyer* a.a.O.
[60] S. u. S. 36 in und zu Anm. 94; S. 41 sub 3a).

fen. Dort hatte er die Einstellung von Booten in Bootshäusern ausschließlich dann für umsatzsteuerfrei erklärt, wenn dem Bootsbesitzer „ein bestimmter Raum oder Raumteil überlassen wird". Wenn dagegen Boote im Freien gelagert und durch Teerpappe gegen Witterungseinflüsse geschützt werden, so soll das „auf Obhut durch den Grundstücksinhaber hindeuten" und deshalb die Steuerbefreiung entfallen. Das sind die alten Fehler: Die Forderung nach dem bestimmten Platz und die Behandlung der „Obhut" als ein die Miete ausschließendes Element, während sie in Wahrheit eine zusätzliche Leistung neben der Gebrauchsgewährung sein kann und es hier in der Tat war.

Demgegenüber hat das VG Berlin EFG 1958, 74 Nr. 93 es zutreffend für nicht erforderlich erklärt, daß ein genau bezeichneter Lagerplatz verabredet sei; ausreichend sei, daß eine der Größe nach bestimmte Quadratmeterzahl des Bootsplatzes oder der Werfthalle überlassen werde. Verwahrung lehnte das VG mit der richtigen Begründung ab, daß der „Lagerhalter" keine Obhutspflicht übernahm und die Haftung für Schäden an den Booten ausdrücklich abgelehnt hatte, deren Versicherung gegen Feuer und Diebstahl vielmehr den Bootshaltern oblag.

b) Die Überlassung von **Anlegeplätzen für Boote** durch einen Unternehmer, der die Wasserfläche am Ufer vom Staat gemietet oder gepachtet hatte, hat RFH 54, 17 als reinen Mietvertrag angesehen und nicht nur die Vermietung der Wasserfläche für steuerfrei erklärt, sondern auch die der Anlegevorrichtung, obwohl sie eine Betriebsvorrichtung i. S. des § 37 UStDB sei; denn der darauf entfallende Entgeltsteil sei so geringfügig, daß eine Zerlegung des Gesamtentgelts entfalle. Die Zugangswege zu den Anlegeplätzen hat der RFH nicht als mitvermietet angesehen. Ihm hat sich in allen Punkten das FG Hamburg EFG 1954, 113 angeschlossen, der Vermietung von Bootslagerplätzen in einem stillgelegten Schiff jedoch deshalb die Steuerbefreiung versagt, weil hier, anders als bei der Wasserfläche, kein Grundstück vermietet sei, wie es § 4 Nr. 10 UStG voraussetzt.

4. Daß bei entgeltlicher Überlassung eines Safes oder **Tresors** in einer Bank Miete und nicht Verwahrung vorliegt, ist seit RGZ 141, 99 geklärt[61]. Trotzdem halten *Sölch-Ringleb* a.a.O. Nr. 196 „den Mietzins" (!) für umsatzsteuerpflichtig[62], „weil der wirtschaftliche Endzweck des Vertragsschlusses nicht auf den Gebrauch eines Teils des Bankgebäudes gerichtet" sei, „sondern auf die Bewachung und Aufbewahrung des

---

[61] Über den status controversiae vgl. *Staudinger-Kiefersauer* BGB § 580 Erl. 7.
[62] Ebenso *Plückebaum-Malitzky* Tz. 2847 unter fälschlicher Berufung auf RFH RStBl. 1924, 121, welche Entscheidung nur die Börsen betrifft und kein Wort über Safes und Tresors sagt. Auch RFH 38, 316 ist nicht einschlägig, weil sie zu § 4 Nr. 9 (!) UStG ergangen ist, wo wirtschaftliche Betrachtungsweise gilt.

Schrankfachinhalts"⁶³. Aber darauf ist der Vertrag gerade nicht gerichtet: Nicht die Bank, sondern der Kunde bewahrt seine Wertpapiere, Urkunden oder Kostbarkeiten in dem Safe auf, und die Bank übernimmt keine Bewachung und Obhut⁶⁴. Außerdem kommt es für die Typenbestimmung eines Vertrages nicht auf seinen Zweck, sondern auf seinen Inhalt an. Wie zu 1) ausgeführt, kann der gleiche wirtschaftliche Zweck: die Aufbewahrung von Sachen in fremden Räumen, in verschiedenen Rechtsformen verwirklicht werden: durch Anmietung des fremden Raumes oder durch Übergabe des zu verwahrenden Gutes an den Raumbesitzer, also durch Miete oder durch Verwahrung. Bei der Überlassung von Safe, Stahlkammer, Tresor oder Schrankfach wird die Mietform gewählt. *Sölch-Ringleb* geben selbst zu, daß hier „bürgerlich-rechtlich ein reiner Mietvertrag vorliegt". Es bleibt ihr Geheimnis, wie sie dennoch diesen Vertrag umsatzsteuerrechtlich als Verwahrung behandeln und dies vereinbaren können mit der an die Spitze ihrer Erläuterung des § 4 Nr. 10 UStG gestellten These, daß für die „Begriffsabgrenzung" der Miete von „anderen Vertragsverhältnissen des bürgerlichen Rechts" „maßgebend sind die Vorschriften des BGB".

IX. 1. „Überläßt ein Schützenverein für die Dauer eines von ihm veranstalteten Schützenfestes Unternehmern Teilflächen des Festplatzes unter bestimmten Auflagen zur **Aufstellung von Verkaufsständen, Schankzelten, Schaubuden, Karussells** *und dergleichen, so liegt keine Vermietung von Grundstücksteilen, sondern eine Leistung besonderer Art vor. Die von dem Verein für die Überlassung vereinnahmten Entgelte sind deshalb nicht nach § 4 Nr. 10 UStG von der Umsatzsteuer ausgenommen."*

a) Mit dieser Entscheidung hat der BFH (60, 154) nicht, wie er behauptet, die Rechtsprechung des RFH in dessen dem gleichen Thema „Volksfest" gewidmeten Urteil E 49, 310 „fortentwickelt", sondern er ist davon eindeutig abgewichen⁶⁵. Während der BFH jeglichen Mietcharakter verneint und einen Vertrag besonderer Art angenommen hat, lehnte der RFH „die Auffassung, es läge überhaupt nicht ein Mietvertrag vor, sondern ein Vertrag besonderer Art", ausdrücklich ab. Er hat vielmehr eine Mischung von Platzüberlassung und Gewerbenutzung, also von Grundstücksmiete und Rechtspacht, angenommen und, entsprechend dem oben S. 18 Ziff. 2 behandelten Grundsatz, eine Zerlegung in umsatzsteuerfreie Grundstücksmiete und steuerpflichtige Gewerbekon-

---

⁶³ Ebenso *von Wallis* in Hübschmann-Grabower-Beck-von Wallis UStG § 4 Nr. 10 Anm. 13 S. 16 unter Berufung auf RGZ 141, 99, wo das Gegenteil steht!
⁶⁴ Vgl. RGZ 141, 99 f.
⁶⁵ Ebenso *Deckert* UStR 1957, 167; *Sölch-Ringleb* UStG § 4 Nr. 195 S. 327.

zession verlangt. Er hat ferner reine Grundstücksmiete und deshalb volle Steuerfreiheit angenommen, „soweit Plätze lediglich für Verkaufsbuden, Bierausschank, Kaffeeausschank und dergleichen in Frage kommen", weil er „schon wiederholt ausgesprochen" habe, „daß es sich bei der Vergabe eines Platzes zur Aufstellung einer Verkaufsbude nur um Miete handelt". Der BFH hat demgegenüber auch für die Verkaufsstände den Mietcharakter geleugnet und volle Steuerpflicht bejaht. Er hat also die Rechtsprechung des RFH nicht fortgesetzt, sondern geradezu in ihr Gegenteil verkehrt.

b) Damit ist freilich noch nicht gesagt, wer richtig entschieden hat: der BFH oder der RFH. Ich möchte die Frage dahin beantworten, daß im grundsätzlichen der RFH das Richtige getroffen hat, wenn er eine Mischung von Grundstücksmiete und Rechtspacht annahm, dagegen unrichtig, wenn er dies auf die Schausteller beschränkte, dagegen die Verkaufs- und Ausschankstandinhaber anders, nämlich als reine Grundstücksmieter, behandelte; denn auch sie werden zu dem Fest zugelassen und ziehen aus dieser Veranstaltung ihren Nutzen. Alles, was der RFH über die Rechtsnatur der Mitwirkung der Aussteller an den Festen ausführt, trifft gleichermaßen für die Inhaber von Verkaufsständen und Ausschänken zu. Insoweit hat der BFH recht, wenn er zwischen den verschiedenen Gewerbetreibenden, die an dem Geschäftsbetrieb des Festes mitwirken, keinen Unterschied macht [66].

c) Eine einschlägige, vom BFH nicht beachtete Entscheidung des RG findet sich in JW 1914, 403: Überlassung eines Platzes in einer Festhalle zwecks Einrichtung und Betrieb eines Panoramas und eines Theaters gegen hohe Umsatzbeteiligung. Das RG hat dies als Miete qualifiziert, obwohl „nicht zu verkennen" sei, daß dem Rechtsverhältnis der Parteien, das noch andere Leistungen zum Gegenstand hatte, gesellschaftliche Momente innewohnten; der gesamte Vertrag vereinige mehrere Rechtsgeschäfte, von denen eines ein Mietvertrag sei — eben jene Platzüberlassung zu gewerblichen Zwecken.

2. Der BFH hat sich in der zitierten E 60, 154 auf seine E 58, 116 betr. **Überlassung von Freiflächen und Ständen einer Ausstellung** zu Ausstellungszwecken berufen und diese Entscheidung ebenfalls als Fortentwicklung von RFH 49, 310 bezeichnet. E 58, 116 selbst spricht von „gleichartigen Gedankengängen" in RFH 49, 310. Dagegen sind die gleichen Bedenken zu erheben wie gegen die Berufung von BFH 60, 154 auf diese RFH-Entscheidung. Was ich unter 1 a) ausführte, gilt auch für

---

[66] Gegen die Unterscheidung auch FG Schleswig-Holstein EFG 1955, 60, das aber auch für die Schausteller einen reinen Mietvertrag annahm und die Zerlegung ablehnte, weil in seinem Falle ein Jahrmarkt vorlag, für den § 68 I GewO gilt, der andere Entgelte als für die Standüberlassung verbietet, s. u. S. 32.

§ 68 GewO

BFH 58, 116: Vom Boden der Entscheidung RFH 49, 310 hätte BFH 58, 116 zu einer Zerlegung des Entgelts kommen müssen. Auch hier liegt wieder ein Bruch und nicht eine Fortentwicklung der Rechtsprechung vom RFH zum BFH vor. Kontinuierlich sind nur die beiden BFH-Entscheidungen — aber leider sind sie falsch. Das wird für BFH 58, 116 noch näher zu erörtern sein[67].

3. Die Behandlung der Ausstellungsstände in BFH 58, 116 steht ferner im Widerspruch zu der Rechtsprechung[68] des RFH über die **Marktstände.** Deren entgeltliche Überlassung hat der RFH als Grundstücksmiete behandelt, RFH 18, 190; RStBl. 1931, 68/9[69, 70, 71, 72]. Dabei ist es in unserem Zusammenhang unerheblich, daß der RFH in E 18, 190 unterschieden hat zwischen den Ständen, die sich an der Seite der Markthalle befanden, überdacht und mit technischen Einrichtungen versehen waren, einerseits und den freistehenden Ständen im nicht überdachten Innenhof der Halle andererseits. Daß der RFH der ersten Gruppe die Steuerbefreiung versagt hat, lag daran, daß damals die Vermietung eingerichteter Räume nicht befreit war.

4. Daß zwischen Marktständen und Ausstellungsständen in der Frage, ob ihre entgeltliche Überlassung Grundstücksmiete ist, kein grundsätzlicher Unterschied gemacht werden kann, dürfte einleuchten und wird durch **§ 68 GewO** bestätigt, welcher lautet:

---

[67] S. u. S. 43 ff.
[68] die *Plückebaum-Malitzky* Tz. 2778 ff. einfach verschweigen. Sie behaupten, daß bei den Märkten „nach der neueren Rechtsprechung gemischte Verträge" vorlägen, so daß das Standgeld zerlegt werden müsse. Zitate dieser angeblichen Rechtsprechung geben sie nicht.
[69] Ebenso LG Köln JW 1923, 782 Nr. 15; FG Schleswig-Holstein EFG 1955, 60 betr. Jahrmärkte trotz ihrer Verwandtschaft mit den Volksfesten; PrFinMin vom 7. 11. 1911 III 17271 (nach *Eiffler*, UrkStG [1937] § 13 Anm. 10 l) S. 254); *Boruttau* UrkStG (5) § 13 Erl. 2 (2).
[70] Vgl. ferner die Entscheidungen des RFH und BFH zur Körperschaftssteuerpflicht der Gemeinden für das Einkommen aus der Veranstaltung von Märkten: RStBl. 1937, 982; 1938, 15; 1939, 477; 1942, 405 = RFH 51, 166; BStBl. 1957 III 147. Darin wird von „Vermietung der Standplätze" (RFH 51, 167), von ihrer „Verpachtung" (RStBl. 1938, 16) oder „Zuteilung" (RStBl. 1939, 478 = StW 1939, 144) gesprochen.
[71] Zur Frage, ob die Marktstandgelder öffentlichrechtliche Gebühren oder privatrechtliche Mietzinsen sind, vgl. *Landmann-Rohmer-Eyermann-Froehler* GewO (11. Aufl. 1956) § 68 Erl. 2, die aber zu Unrecht und in Unkenntnis der RFH-Rechtsprechung behaupten, daß an der öffentlich-rechtlichen Natur des Anspruchs auf Marktstandgeld kein Zweifel bestehen könne. In Wahrheit ist die Frage seit langem streitig; vgl. RGZ 137, 239 = DMietR 1932, 1406; RG JW 1913, 1104 = Recht 1913 Nr. 2267; KG GrundE 1932, 561; *Suren*, Preußisches KommunalabgabenG (1944) § 4 Erl. 6, 10; *Staudinger-Kiefersauer* (11. Aufl. 1955) § 535 Erl. 21; *Pritsch* in RGR-Komm. BGB (11. Aufl. 1959) § 535 Anm. 6; *Palandt* BGB (18. Aufl. 1959) § 535 Anm. 1; *Soergel* BGB (8. Aufl. 1952) § 535 Anm. 1.
[72] Nach FG München BayVerwBl. 1959, 95/6 sollen die Einnahmen aus Jahrmärkten und Viehmärkten voll versteuert werden, die aus Wochenmärkten zu 50 %.

(1) Der Marktverkehr darf in keinem Falle mit anderen als solchen Abgaben belastet werden, welche eine Vergütung für den überlassenen Raum und den Gebrauch von Buden und Gerätschaften bilden. In den Bestimmungen darüber, ob und in welchem Umfang Abgaben dieser Art erhoben werden dürfen, wird durch gegenwärtiges Gesetz nichts geändert. Ein Unterschied zwischen Einheimischen und Fremden bezüglich der Zahlung der Abgaben darf nicht stattfinden.

(2) Bei Messen dürfen jedoch Beiträge für die im Interesse der Beteiligten geleistete Werbe- und Verwaltungstätigkeit gefordert werden. Die Art und Höhe der Beiträge und ihre Einziehung bestimmt mit Genehmigung der Landesregierung die öffentlich-rechtliche Person, die Trägerin der Messe ist.

a) Zu Unrecht beruft sich BFH 58, 116 auf diese Bestimmung zur Stützung seiner These, daß die Überlassung von Ausstellungsständen keine Grundstücksmiete oder doch nur von untergeordneter Bedeutung im Vergleich zu der Einräumung der Werbe- und Verkaufsmöglichkeit sei. Denn die „Beiträge für die im Interesse der Beteiligten geleistete Werbe- und Verwaltungstätigkeit", die § 68 Abs. II GewO bei Messen zuläßt, werden nicht an Stelle, sondern *neben* der in Abs. I a.a.O. erlaubten „Vergütung für den überlassenen Raum" erhoben und zugelassen. Abs. II enthält eine Ausnahme von dem Verbot des Abs. I, andere Abgaben als „eine Vergütung für den überlassenen Raum und den Gebrauch von Buden und Gerätschaften" von den Teilnehmern des „Marktverkehrs" zu fordern. Bei Messen gestattet also Abs. II deren Veranstaltern, *neben* der „Vergütung" des Abs. I „Beiträge für die Werbe- und Verwaltungstätigkeit" zu erheben. Daß aber die „Vergütung für den überlassenen Raum (!) und den Gebrauch (!) von Buden und Gerätschaften" nach Abs. I a.a.O. Mietzins i. S. des § 535 BGB ist, kann ernstlichem Zweifel nicht unterliegen — vorausgesetzt, daß die „Vergütung" ein privatrechtliches Entgelt und keine öffentlichrechtliche Gebühr darstellt[73]. Ebensowenig kann bezweifelt werden, daß der erste Teil dieser „Vergütung", d. h. diejenige „für den überlassenen Raum", Grundstücksmietzins ist, Entgelt für die Vermietung von Grundstücken. Damit ist dann § 4 Nr. 10 UStG grundsätzlich anwendbar, und man kann nur noch fragen, ob das Entgelt, das der Aussteller dem Veranstalter der Ausstellung oder Messe zahlt, nicht nur Gegenleistung für die Grundstücksvermietung, für die Standüberlassung ist, sondern noch weitere Leistungen des Veranstalters entgilt, die keine „Vermietung oder Verpachtung von Grundstücken" darstellen und deshalb nicht unter § 4 Nr. 10 UStG fallen. Diese anderen Entgelte oder Entgeltsteile müssen dann von dem

---

[73] Vgl. dazu Anm. 70, 71 und *Goldmann* DGStZ 1956, 129; 1958, 3; *Deckert* UStR 1957, 167; FG München a.a.O.

Grundstücksentgelt, vom „Standgeld", getrennt und versteuert werden.

b) Dagegen ist es nicht möglich, unter Berufung auf § 68 II GewO zu behaupten, der Überlassung der Ausstellungsflächen und Ausstellungsstände komme nur eine untergeordnete Bedeutung zu, weil „das streitige Entgelt im wesentlichen" für die vom Veranstalter der Messe oder Ausstellung „geleistete organisatorische Tätigkeit und für die Einräumung des Rechts, die durch diese Tätigkeit geschaffenen Werbemöglichkeiten auszunutzen, gezahlt" werde. Diese Deduktion kann jedenfalls auf § 68 GewO nicht gestützt werden, da dieser bei Messen ein doppeltes Entgelt zuläßt: die „Vergütung für den überlassenen Raum" nach Abs. I und die „Beiträge für die Werbe- und Verwaltungstätigkeit" nach Abs. II. Es kann aber auch keine Rede davon sein, daß die Raumüberlassung, die Standvermietung, neben der Werbe- und Verwaltungstätigkeit völlig nebensächlich oder unbedeutend sei. Das wäre eine Verkennung der Wirklichkeit, deren sich jedenfalls der Gesetzgeber des § 68 GewO nicht schuldig gemacht hat.

c) Ebensowenig darf verkannt werden, daß auch beim „Marktverkehr" des § 68 Abs. I GewO der Marktveranstalter dem Marktgewerbetreibenden nicht nur „Raum", „Buden und Gerätschaften" überläßt, sondern, ebenso wie bei den Messen und Ausstellungen, eine eingespielte Organisation zur Verfügung stellt und das Recht zur Gewerbeausübung auf dem Markt einräumt. Nur darf er kraft der positivrechtlichen Ausnahmeregelung des § 68 Abs. I GewO dafür, d. h. für seine „Verwaltungstätigkeit" und für die Rechtsverleihung, kein Entgelt nehmen, während der Messeveranstalter nach Abs. II a.a.O. wenigstens für seine „Werbe- und Verwaltungstätigkeit" ein zusätzliches Entgelt neben dem Standgeld verlangen darf, aber ebenso wie der Marktveranstalter nach Abs. I kein Entgelt für die Konzessionsverleihung, für die „Einräumung des Rechts", die durch die Messe geschaffenen „Werbemöglichkeiten auszunutzen"; denn dieses Recht steht dem Marktbezieher schon kraft Gesetzes zu: kraft der Marktfreiheit des § 64 GewO[73a].

5. Für Ausstellungen, die keine Messen i. S. des Titels IV der Gewerbeordnung sind, darf auch ein Entgelt für diese „Rechtsverleihung" vereinbart werden. Aber auch dann ist die völlige Ausschaltung des § 4 Nr. 10 UStG nicht gerechtfertigt, weil auch bei solchen Ausstellungen die Raumüberlassung nicht völlig nebensächlich oder unbedeutend neben der „Werbe- und Verwaltungstätigkeit" und neben der Erlaubniserteilung ist, sondern ein aus dem Gesamtkomplex gar nicht hinwegzudenkendes wesentliches Element darstellt. Vielmehr muß dann so verfahren werden, wie auch sonst bei der Kombination von Raum- und Rechtsüberlassung: Das Gesamtentgelt muß zerlegt werden in das

---

[73a] OLG Dresden GewArch. 17, 507.

Standgeld, die Werbe- und Verwaltungsgebühr und die Konzessionsabgabe. Da dies BFH 58, 116 nicht getan hat, steht diese Entscheidung auch im Widerspruch zu der in Anm. 31—33 zitierten ständigen Rechtsprechung über die Zerlegung bei Verträgen, die aus Grundstücksmiete und Rechtspacht gemischt sind.

X. Der BFH hat hier die Zerlegung mit der Begründung abgelehnt, es handele sich bei den Ausstellungsverträgen weder um **reine Mietverträge** noch um **gemischte Verträge**[74], sondern um **Verträge besonderer Art**. Weder ist diese Terminologie, die sich auch in zahlreichen anderen Urteilen des RFH[75] und BFH[76] findet, korrekt, noch ist die Qualifizierung als Verträge besonderer Art zutreffend, noch kann die umsatzsteuerliche Behandlung der sogen. „gemischten Verträge" und derjenigen „besonderer Art" in der Judikatur des Finanzhofs gebilligt werden.

Diese Judikatur läßt jede Fühlungnahme mit der zivilistischen Dogmatik vermissen[77], obwohl diese auch für die Steuergerichte maßgebend sein muß, solange sie von der These ausgehen, daß das bürgerliche Recht bestimmt, wann eine Vermietung oder Verpachtung von Grundstücken i. S. des § 4 Nr. 10 UStG vorliegt.

1. Die **Zivilrechtsdogmatik**[78] unterscheidet atypische oder ungeregelte Verträge, Vertragsverbindungen und gemischte Verträge.

a) *Atypische* Verträge sind solche Vertragsschuldverhältnisse, die unter keine der im 2. Buch des BGB geregelten Vertragstypen fallen — daher „atypisch" — und deshalb gesetzlich nicht geregelt sind — daher „ungeregelte" Verträge. Von ihnen sind zu unterscheiden die *Vertragsverbindungen* und die *gemischten Verträge,* denen gemeinsam ist, daß sie „verschiedene Vertragstypen oder doch mehrere Einzelleistungen, die bei verschiedenen Vertragstypen geregelt sind, vereinen"[79]. Hier liegt also eine Verbindung oder Mischung von typischen Verträgen oder typisierten Vertragsleistungen vor — beim atypischen Vertrag hingegen eine gesetzlich nicht typisierte Vertragsart oder Leistung. Freilich können auch diese beiden Hauptgruppen sich verbinden oder vermischen: Ein im ganzen und als Typus nicht geregelter Vertrag kann „einzelne

---

[74] Dafür *Wauer* StW 1957, 549/50 a. E.
[75] RFH 38, 304; 39, 51; 49, 89; 49, 176; 52, 187; Mrozek UStG 1926 § 2 Nr. 4 R 9; RStBl. 1934, 1394; 1939, 1220; 1944, 39.
[76] BFH 57, 249; 60, 154; 61, 156; 64, 542.
[77] Lediglich in BFH 57, 249 findet sich wenigstens ein Literaturhinweis auf die Lehre von den gemischten Verträgen.
[78] Ich verweise statt aller auf das führende Lehrbuch des Schuldrechts von *Enneccerus-Lehmann* (15. Aufl.) §§ 99, 100, mit weiteren Nachw. Vgl. ferner *Werner* bei Staudinger BGB (9. Aufl.) Einl. II 5 von § 305; *Larenz,* Lehrbuch des Schuldrechts (3. Aufl.) § 34.
[79] *Lehmann* a.a.O § 100 primo.

Stücke, welche bei typischen Verträgen in gleicher oder ähnlicher Weise vorkommen", „enthalten"[80]. Ein solcher Vertrag ist wie ein gemischter zu behandeln[81].

b) Bei der *Vertragsverbindung* handelt es sich um die Zusammenfassung mehrerer vollständiger — i. d. R. typischer — Verträge zu einem einzigen Gesamtvertrag — z. B. der Vertrag einer Brauerei mit einem Gastwirt über die Verpachtung einer Gastwirtschaft und über deren Bierbelieferung[82]; Verkauf eines Hauses und Vermietung einer Wohnung darin an den Verkäufer; Arbeitsvertrag und Vermietung einer Werkswohnung (§ 20 MSchG)[83].

c) Beim *gemischten Vertrag* im weiteren Sinne handelt es sich um einen einheitlichen Vertrag mit verschiedenartigen Leistungen, die verschiedenen Vertragstypen angehören. Hier lassen sich vier Untergruppen bilden:

(1) *Typische Verträge mit untergeordneter andersartiger Leistung*, die also nur Nebenleistung oder Hilfsleistung ist — z. B. Heizung und Warmwasser neben der Raumüberlassung[84]; Frühstück und Bedienung bei Vermietung eines möblierten Zimmers[85]; Heizung, Beleuchtung und Reinigung bei Saalmiete[86] oder Garagenmiete[87]; Waggongestellung neben Überlassung von Räumen im Bahnhof[88]; Gestattung des Gleisanschlusses unter Übernahme des Zu- und Abrollens der Waggons[89]; Fabrik mit Dampfkraft[90]; Bearbeitung des gelagerten Getreides zu dessen Erhaltung[91]; Kühlraummiete = Miete mit Kaltluft[92]; Gewerberäume mit Elektrizitätsversorgung[93].

---

[80] *Lehmann* a.a.O. § 99 V a. E.
[81] *Lehmann* a.a.O.
[82] Hier hat RFH RStBl. 1944, 590 reine (!) Pacht angenommen.
[83] Hier hat BFH 57, 249 das Entgelt für die Wohnung als reine Miete angesehen.
[84] Vgl. RFH 32, 355. Vgl. ferner RGZ 75, 354; RG JW 1924, 801 Nr. 8 = Recht 1924 Nr. 1493 (selbst wenn die Nebenleistung einen höheren Wert als die Hauptleistung hat!); RG JW 1897, 588 Nr. 74; RG Warn. 1913 Nr. 285; KG JW 1921, 1368 Nr. 4; 1922, 228 Nr. 3; 1922, 790; Hamburg OLGE 30, 125; Braunschweig OLGE 33, 308; OLG Bamberg SeuffArch. 62 Nr. 36.
[85] RGSt 20, 417; Braunschweig OLGE 26, 392 (394).
[86] RFH 48, 213.
[87] OLG Dresden JW 1931, 891/2.
[88] RG Warn. 1925 Nr. 25.
[89] RG Recht 1919 Nr. 1951.
[90] Hier haben RGZ 33, 47 einen einheitlichen Mietvertrag, KG JW 1922, 815 und DWA 1933, 91 Miete mit Nebenleistung angenommen; RFH RStBl. 1929, 99/100 hat das Teilentgelt für die Dampfkraft als umsatzsteuerpflichtig erklärt.
[91] Von RFH Mrozek UStG 1926 § 2 Nr. 4 R 9 als „gemischter Vertrag" und als „einheitlicher unbenannter Vertrag" bezeichnet. Vgl. auch o. S. 24 Ziff. 1a).
[92] Vgl. o. S. 17 Ziff. IV.
[93] RG Warn. 1916 Nr. 263 = Recht 1916 Nr. 649; RG Recht 1917 Nr. 35. Anders RFH DStZ 1925, 566 Nr. 276 und RStBl. 1931, 166 Nr. 215, wo das Entgelt für Strom und Heizung besteuert wurde.

Üblichen Nebenleistungen zur Grundstücks- oder Raumüberlassung hat der RFH[94] das Privileg des § 4 Nr. 10 UStG gewährt. Nach den Grundsätzen von RFH 54, 17[94a] dürften sie dagegen nur dann steuerfrei sein, wenn sie völlig nebensächlich oder unbedeutend sind. Nach dieser E 54, 17 kommt es nicht auf die Üblichkeit, sondern auf die Nebensächlichkeit, also auf die wirtschaftliche Bedeutung der Nebenleistung im Verhältnis zur Hauptleistung an.

(2) *Kombinations- oder Zwillingsverträge.* Hier verpflichtet sich die eine Partei gegen eine einheitliche Gegenleistung zu verschiedenartigen, d. h. verschiedenen Vertragstypen angehörenden Hauptleistungen, z. B. zur Gewährung von Kost und Wohnung gegen einen Pensionspreis[95]. Hierher gehören vor allem die oben S. 18 erwähnten Konzessionsverträge der Gemeinden mit Elektrizitäts- oder Bahngesellschaften: Grundstücksmiete und Rechtspacht gegen einheitliches Entgelt.

Miete und Geschäftsbesorgung lag vor in dem von RFH RStBl. 1939, 1220 entschiedenen Falle: Ein Grundstückseigentümer stellte der eine **Klinik** betreibenden Stadt außer dem Grundstück auch die Einrichtung, die Bettwäsche und die Handtücher zur Verfügung, sorgte für Beleuchtung, Beheizung und Instandhaltung der Räume, übernahm die volle Verpflegung der Kranken und die Erledigung der Verwaltungsgeschäfte gegen eine Vergütung je Kopf und Tag. Der RFH hat dies richtig als gemischten Vertrag bezeichnet, fälschlich[96] aber die Verwaltung der Klinik für wesentlich wichtiger als die Raumüberlassung erachtet und eine Zerlegung der Entgelte wegen der Einheitlichkeit des Vertrages abgelehnt.

(3) *Doppeltypische Verträge oder Zwitterverträge.* Hier gehört die Leistung des einen Vertragsteils dem einen, die des anderen Teils einem anderen Typus an. Es fällt der ganze Vertragsinhalt unter zwei verschiedene Vertragstypen, so daß der Vertrag sich sowohl als Vertrag der einen wie der anderen Art darstellt[97]. Ein Beispiel dafür enthält § 21 MSchG: Überlassung einer Wohnung als Teil des Arbeitslohns: Das ist Mischung von Dienst- und Mietvertrag[98]. Bei Verkauf eines Hauses gegen freie

---

[94] RFH 32, 355; 48, 94; 48, 215.
[94a] S. u. S. 37 bei Anm. 102.
Anders aber RFH RStBl. 1931, 166.
[95] „Zwei gesondert zu versteuernde Verträge", RG Warn. 1913 Nr. 285 = JW 1913, 639.
[96] Vgl. auch meine Kritik dieser Entscheidung in § 1 Erl. 33 meines Kommentars zum MSchG.
Daß die Entscheidung mit der „bürgerlich-rechtlichen Betrachtungsweise" nicht vereinbar ist, hat schon *Herting* DStZ 1940, 317 sub 9 festgestellt. Auch *Sölch-Ringleb* a.a.O. erklären die Entscheidung für „nicht bedenkenfrei".
[97] *Lehmann* a.a.O. § 100 III.
[98] Vgl. meinen Kommentar zum MSchG § 21 Erl. 1 ff. und BFH 57, 249.

Wohnung darin oder in einem anderen Hause: Kauf und Miete. Hierher gehört auch der Heuerlingsvertrag des § 1 IV b) LandpachtG [99].

(4) Verträge mit Typenvermengung oder gemischte Verträge im engeren Sinne: Hier enthält der dem einen Typus zugehörige Vertrag ein Element, das einen anderen Vertragstypus darstellt. Das Musterbeispiel dafür ist die gemischte Schenkung.

2. Von all diesen Unterscheidungen und Unterteilungen hat **die Rechtsprechung des Finanzhofs** bisher keine Notiz genommen. Sie unterscheidet statt dessen zwischen reinen Grundstücks- oder -pachtverträgen, gemischten Verträgen und Verträgen besonderer Art. Dabei versteht sie unter „gemischten Verträgen" solche Miet- und Pachtverträge, bei denen nicht nur Grundstücke (oder Räume in Gebäuden), sondern noch andere Gegenstände überlassen werden, wie bewegliche Sachen oder/und Rechte. Von „Verträgen besonderer Art" spricht der Finanzhof, wenn ein Vertrag miet- oder pachtrechtliche und andersartige Leistungen umfaßt und dabei die Grundstücksüberlassung — nach Ansicht des Finanzhofs — nur von untergeordneter Bedeutung ist [100, 101]. Dann soll das ganze Entgelt für alle Vertragsleistungen steuerpflichtig sein, auch der auf die Grundstücksüberlassung entfallende Entgeltsteil, während bei den „gemischten Verträgen" (i. S. der finanzgerichtlichen Terminologie) eine Zerlegung des Entgelts derart stattfinden soll, daß der die Grundstücksüberlassung entgeltende Teil steuerfrei bleibt [102].

Es liegt offen zutage, daß diese Unterscheidung des Finanzhofs von derjenigen der bürgerlichen Rechtslehre sehr erheblich abweicht. Sie bedient sich außerdem einer falschen Terminologie [103]. Sie ist ferner nicht sachgerecht und führt zu ungerechten, weil Gleiches verschieden behandelnden Ergebnissen.

a) Den Gegensatz zu den **„besonderen Verträgen"** können nicht die gemischten Verträge, sondern nur die allgemeinen Verträge bilden — denn

---

[99] Vgl. dazu Erl. 71/2 vor § 20 meines Kommentars zum MSchG.

[100] Noch weiter ging der RFH in RStBl. 1942, 878, wo er einen Vertrag schon deshalb als „Vertrag besonderer Art" bezeichnete, weil er „nicht mehr als reiner (!) Mietvertrag erscheint".

[101] Arge Begriffsverwirrung bei der OFD Bremen UStR 1954, 188: Zurverfügungstellung einer „Mietwaschküche" „kein reiner (!) Mietvertrag, sondern (!) Vertrag besonderer (!) Art, und zwar (!!) ein Werkvertrag, der auf Reinigung der Wäsche abzielt". Aber wer eine „Mietwaschküche" unterhält, betreibt keine Wäscherei. Es liegt Miete vor, die mindestens teilweise nach § 37 UStDB steuerpflichtig ist. Volle Steuerfreiheit dagegen, wenn die Waschküche Zubehör eines Wohnblocks ist und von dessen Vermieter für die Wohnungsmieter betrieben wird; dann handelt es sich um steuerfreie Nebenleistung zur steuerfreien Wohnungsmiete, RFH 48, 93.

[102] Vgl. die zusammenfassende Darstellung in RFH 54, 17, gebilligt von BFH 57, 249.

[103] Vgl. auch RFH Mrozek UStG 1926 § 2 Nr. 4 R 9, wo ein und derselbe Vertrag einmal als „gemischter", einmal als „unbenannter" Vertrag bezeichnet wird.

den Gegenbegriff zu den „gemischten" Verträgen bilden die reinen Verträge. Wenn überhaupt der Begriff der besonderen Verträge oder der Verträge besonderer Art einen juristischen Aussagewert haben soll, dann kann er nur in dem Sinn verstanden werden, in dem die zivilistische Dogmatik von atypischen Verträgen spricht. „Besonders" ist der Vertrag, weil er aus dem Rahmen des Üblichen, Typischen, Normalen und Normierten herausfällt. Dieser Tatbestand liegt aber keineswegs bei allen oder auch nur den meisten der Verträge vor, die der Finanzhof als „besondere" bezeichnet hat. Die meisten von ihnen waren vielmehr gemischte Verträge i. S. der bürgerlichrechtlichen Terminologie, d. h. Verträge mit mehreren typisierten Leistungen, mit Leistungen oder dem Inhalt mehrerer Vertragstypen, also Verträge mit **Typenvermengung** oder **Typenvermischung**. In einigen Fällen handelte es sich um Verträge mit Mischung von typischen und atypischen, typisierten und nicht typisierten, gesetzlich geregelten und ungeregelten Leistungen oder Elementen; solche Verträge sind aber nach dem oben S. 34, 35 sub 1 a) a. E. Ausgeführten wie gemischte Verträge zu behandeln.

b) Was der Finanzhof als **„gemischte Verträge"** bezeichnet, sind in Wahrheit

teils Verträge ein und desselben Vertragstypus' mit verschiedenartigen Leistungsobjekten: Mischung von Mobiliar- und Immobiliarmiete oder -pacht, oder Verpachtung von Immobilien und Mobilien (z. B. eines Landguts, einer Gastwirtschaft) oder von Immobilien, Mobilien und Rechten (so bei der Unternehmenspacht) — also typenreine Verträge, *reine Miet- oder Pachtverträge* mit *gemischten* Miet- oder Pacht*objekten;*

teils Verträge verschiedener, wenn auch verwandter Typen mit verschiedenartigem Leistungsgegenstand: Mischung von Grundstücksmiete und Rechtspacht (so bei den Straßenbahnverträgen der Gemeinden) oder von Grundstücksmiete, Mobiliarmiete und Rechtspacht.

α) Es ist nicht zu beanstanden, daß der Finanzhof zwischen diesen beiden Vermischungs- oder Verbindungsfällen umsatzsteuerrechtlich keinen Unterschied macht, sondern in beiden Fällen eine Zerlegung vornimmt. Denn § 4 Nr. 10 UStG differenziert nicht zwischen Miete und Pacht, sondern zwischen Immobilien einerseits, Mobilien und Rechten andererseits, zwischen Grundstücken, Grundstücksteilen und **grundstücksgleichen** Rechten einerseits und allen übrigen vermietungs- oder verpachtungsfähigen Gegenständen andererseits, wozu nach § 37 UStDB bei den Grundstücksbestandteilen noch die Unterscheidung zwischen Betriebsanlagen und sonstigen Bestandteilen hinzukommt.

β) Es ist ferner nicht zu rügen, wenn der Finanzhof auch bei Einheit des Vertragstypus' (Miete oder Pacht), aber Mehrheit verschiedenartiger Leistungsgegenstände (Mobilien und Immobilien oder Sachen und

Rechte) den Begriff des gemischten Vertrages verwendet und nicht nur bei Mischung der Vertrags- oder Leistungstypen [104]. Denn die mietrechtliche Literatur und Judikatur spricht ebenfalls in dem erstgenannten Fall des gemischten Miet- oder Pachtobjektes von gemischten Miet- oder Pachtverträgen. Das tut sie sogar innerhalb der Immobiliarmiete: bei Mischung von Wohn- und Geschäftsräumen und bei Mischung von Räumen und unbebauten Grundstücken und sogar bei gemischtem Verwendungszweck oder gemischter Gebrauchsart ein und desselben Raumes oder derselben Raumgruppe, sogen. Mischraum oder Mischräume, vgl. meinen Kommentar a.a.O. § 1 Anm. 68 g ff.

c) Was zur Kritik an der Rechtsprechung des Finanzhofs herausfordert, ist vielmehr die Beschränkung der „gemischten Verträge" (i. S. seiner Terminologie) und damit der Zerlegung auf die Fälle der Mischung verschiedenartiger Gebrauchs- oder/und Nutzungsobjekte innerhalb eines einheitlichen Miet- oder Pachtvertrags und auf die Fälle der Mischung von Miete und Pacht, während die Fälle der Mischung von Miete oder Pacht mit anderen typischen oder atypischen Leistungen aus dem Begriff der gemischten Verträge ausgeklammert und als „besondere Verträge" qualifiziert werden und deshalb bei ihnen die Zerlegung in einen steuerfreien und einen steuerpflichtigen Entgeltsteil abgelehnt wird. Für eine solche Differenzierung besteht kein sachlicher Grund; sie führt vielmehr zu ungleicher Behandlung gleichartiger Sachverhalte. Es gibt keinen vernünftigen Grund dafür, bei der Mischung von Immobiliar- und Mobiliarmiete oder von Grundstücksmiete und Rechtspacht zu zerlegen, also bei der Umsatzbesteuerung des einheitlichen Entgelts zu differenzieren, bei Mischung von Immobiliarmiete oder -pacht mit Werk- oder Dienstleistungen aber solche Zerlegung abzulehnen, vielmehr unter Berufung auf die angebliche Einheit des Vertrags eine einheitliche Behandlung zu verlangen und deshalb die Anwendung des § 4 Nr. 10 UStG auf den Grundstücksmietanteil des Gesamtentgelts abzulehnen, wenn die Grundstücksüberlassung nicht den wesentlichen Vertragsgegenstand bildet — wobei dann meistens noch dadurch pro fisco nachgeholfen wird, daß man auch dort die Grundstücksüberlassung für nebensächlich oder unbedeutend erklärt, wo sie in Wahrheit ein wesentliches Element des Gesamtvertrags bildet, ohne das dieser gar nicht bestehen kann und nicht geschlossen worden wäre.

d) Falsch ist an dieser Rechtsprechung nicht nur die Bezeichnung als

---

[104] Erkannt ist die Doppeldeutigkeit des Begriffs „gemischter Vertrag" in RFH 54, 19: „Ein ‚gemischter Vertrag' liegt bei der Vermietung der Anlegeplätze nicht etwa in dem Sinne vor, daß der Vertrag neben Merkmalen eines Mietvertrags auch Merkmale anderer Vertragsarten aufweise, sondern nur in dem Sinne, daß der Steuerpflichtige zweierlei vermietet, nämlich einerseits das reine Grundstück, die Wasserfläche, anderseits Vorrichtungen, die mit dem Grundstück fest verbunden sind...".

„besonderer" statt als typengemischter Vertrag; falsch ist auch und vor allem die Abstellung darauf, ob der Vertrag eine Einheit, ein unteilbares Ganzes bildet[105]. Diese **Frage der Einheitlichkeit,** Unteilbarkeit, Zerlegbarkeit oder Trennbarkeit spielt für die bürgerlichrechtliche Behandlung des gemischten Vertrages in einiger, aber keineswegs in jeder Hinsicht eine Rolle; für das Umsatzsteuerrecht ist sie unerheblich. So kommt es z. B. für die Frage der Auflösbarkeit von gemischten oder verbundenen Verträgen entscheidend darauf an, ob sie eine Einheit bilden oder teilbar sind, ob die Teile also miteinander stehen und fallen — oder ob einzelne Teile herausgelöst und beendet werden können, ohne daß deshalb die übrigen Teile des Gesamtvertrags ebenfalls hinfällig werden. Sind sie trennbar, so kann jeder Teil nach den Vorschriften seines Typus aufgelöst werden (Kündigung, Rücktritt usw.). Bilden sie eine untrennbare Einheit, so kommt es für die Auflösbarkeit darauf an, ob man der *Absorptionstheorie* oder der *Kombinationstheorie* folgt. Die erstere lehrt, daß die Vorschriften desjenigen Vertragstypus' maßgebend sind, dem die Hauptleistung angehört, während die Kombinationstheorie nebeneinander die Vorschriften aller Vertragstypen, die in dem konkreten Vertrag gemischt sind, anwenden will. Der Finanzhof steht, ohne es ausdrücklich zu sagen und anscheinend ohne Kenntnis dieses Theorienstreits, auf dem Boden der Absorptionstheorie, wenn er bei einheitlichen Mischverträgen (von ihm fälschlich als „besondere Verträge" bezeichnet) es darauf abstellt, „was nach dem Gesamtbild der tatsächlichen Verhältnisse das Wesentliche ist"[106], also denjenigen Typus die rechtliche Behandlung bestimmen läßt, bei dem der Schwerpunkt des Vertrages liegt. Diese Schwerpunkts- oder *Übergewichtstheorie* ist zutreffend für die Frage der Kündigung und des Kündigungsschutzes und auch von mir in meinem Kommentar zum MSchG[107] vertreten worden. Sie paßt aber schon im bürgerlichen Recht für andere Fragenkreise nicht, z. B. nicht für Leistungsort und Leistungszeit, die vielmehr getrennt für jede Leistung nach den Regeln des für sie geltenden Typus' zu beurteilen sind.

Erst recht versagen das Absorptionsprinzip und die Übergewichtstheorie bei der umsatzsteuerrechtlichen Behandlung der gemischten Verträge[108]. Sie sind umsatzsteuerrechtlich niemals unteilbar, sondern stets ist das Gesamtentgelt zerlegbar in denjenigen Teil, der die Grundstücksüberlassung entgilt, und in die Entgelte für die übrigen Leistungen. Daher muß diese Zerlegung die Regel bilden. Sie entfällt nur dann, wenn die Grundstücksüberlassung völlig nebensächlich oder wenn sie übliche

---

[105] RFH 27, 260 (262); 49, 89; 49, 176; 54, 17; RStBl. 1939, 1220; BFH 57, 249; BFH BStBl. 1959 III 223.
[106] RFH 54, 17; BFH 57, 249; 58, 116; 60, 154.
[107] § 1 Erl. 29, 68 ga, 73 k, 72 s, 73 o, 76, 76 c, 77 a, 79 ff., 83 ff.; § 21 Erl. 22; § 31 a Erl. 117.
[108] „Gemischter Vertrag" i. S. der bürgerlichrechtlichen Dogmatik.

Nebenleistung zu einer anderen, nicht nach § 4 Nr. 10 UStG privilegierten Leistung ist. In der Regel ist also nach der Kombinationsmethode zu verfahren. Nur ausnahmsweise kommt das Absorptionsprinzip zur Anwendung, dann aber nicht auf der Grundlage der Übergewichtstheorie, sondern der Nebensächlichkeits- oder Nebenleistungstheorie — wie man die oben S. 36 unter Ziff. (1) berichtete Lehre von der Unbeachtlichkeit üblicher Nebenleistungen oder sonstiger nebensächlicher Leistungen nennen kann.

3. Danach sind **die** oben S. 35 ff. beschriebenen **vier Typen gemischter Verträge, in deren Rahmen Grundstücke überlassen werden, bei der Anwendung des § 4 Nr. 10 UStG folgendermaßen zu behandeln:**

a) Handelt es sich um Grundstücks- oder Gebäudeüberlassung mit üblichen oder unwesentlichen Nebenleistungen anderer Art, so ist das gesamte Entgelt umsatzsteuerfrei. Ist die Grundstücks-, Gebäude- oder Raumüberlassung nur übliche oder unwesentliche Nebenleistung zu einer andersartigen Hauptleistung, so ist das ganze Entgelt steuerpflichtig, falls es die Hauptleistung ist.

Dabei ist die Nebenleistung nicht schon dann unwesentlich, wenn sie weniger wichtig ist oder einen geringeren Umfang oder Wert als die Hauptleistung hat, sondern nur dann, wenn sie hinter der Hauptleistung so sehr zurücktritt, daß sie umsatzsteuerrechtlich vernachlässigt werden kann — wenn sie also eine quantité négligable ist, ganz unwesentlich, ganz nebensächlich — so nebensächlich, daß sie beiseite gelassen werden kann und muß [109]. Es genügt daher zur Verweigerung des Grundstücksmietprivilegs bei gemischten Verträgen nicht, daß der Schwerpunkt auf den anderen Gegenständen oder Leistungen liegt oder daß diese an Wert, Umfang oder Bedeutung überwiegen [110] und die Grundstücksüberlassung hinter ihnen an wirtschaftlicher Bedeutung zurücktritt [111], daß die Gesamtheit der Leistungen wesentlich über die Grundstücksgebrauchsüberlassung hinausgeht [112], daß diese nicht vorherrscht [113], „nach dem Gesamtbild der Verträge" nicht das „Wesentliche" oder „Entscheidende" ist [114], nicht den „Grundcharakter" bildet [115]. Vielmehr entfällt die Anwendung des § 4 Nr. 10 UStG erst dann, wenn der auf die Grundstücksüberlassung entfallende Entgeltsteil im Verhältnis zum Gesamtentgelt geringfügig [116] oder geringwertig [117] ist oder die Grundstücks-

---

[109] Denn: minima non curat fiscus vel censor.
[110] So RFH RStBl. 1939, 1220 = StW 1940 Nr. 28.
[111] So RFH 46, 282; 49, 175; 54, 17; BFH 57, 249.
[112] So BFH 64, 542.
[113] So BFH 64, 542.
[114] So RFH 54, 17; BFH 57, 249; 58, 116; 60, 154.
[115] So BFH 60, 154.
[116] So RFH 48, 215.
[117] So RFH 48, 215.

überlassung hinter den übrigen Vertragsleistungen vollständig zurücktritt[118].

b) Bei den **Kombinations- oder Zwillingsverträgen** ist das Gesamtentgelt stets zu zerlegen. Der auf die Grundstücksüberlassung entfallende Teil des Gesamtentgelts ist umsatzsteuerfrei, gleichgültig ob die Grundstücksüberlassung gleich, mehr oder weniger wichtig ist als die andere(n) Hauptleistung(en).

c) Beim **doppeltypischen oder Zwittervertrag** ist das Entgelt für die Grundstücksüberlassung umsatzsteuerfrei. Ebenso ist es bei den Verträgen mit Typenvermengung i. S. von o. S. 37 Ziff. (4).

d) Bei den **Vertragsverbindungen** ist wie bei den Kombinationsverträgen zu verfahren, also zu zerlegen, s. o. lit. b).

4. Ganz verfehlt ist es, bereits dann von einem „Vertrag besonderer Art" zu sprechen und das Vorliegen eines „reinen Mietvertrages" zu leugnen, wenn der Vertrag Klauseln enthält, die unüblich sind, oder wenn die eine oder andere Vertragspartei Verpflichtungen übernimmt, die über den Rahmen des Normalen oder gesetzlich Normierten hinausgehen. Auch innerhalb der typisierten und normierten Verträge gilt grundsätzlich Vertragsfreiheit, soweit die Normen des gesetzlich geregelten Vertragstypus' nachgiebig sind, was die Regel bildet. Die **atypische Ausgestaltung eines typisierten Vertrages** macht diesen noch nicht zum atypischen oder gemischten Vertrag, solange sich die Parteien mit dieser Ausgestaltung im Rahmen des Typus' halten.

a) Zu Unrecht hat daher RFH RStBl. 1942, 878 einem **Waldeigentümer, der einem Elektrizitätswerk die Verlegung einer Hochspannungsleitung durch seinen Wald gestattet** hatte, das Privileg des § 4 Nr. 10 UStG versagt, weil er „sich hinsichtlich des ihm verbleibenden Gebrauchs des Grundstücks weitgehenden Beschränkungen unterworfen" hatte, indem er bestimmte forstwirtschaftliche Handlungen in der näheren Umgebung der Leitung nicht vornehmen durfte. In Wahrheit bestimmten diese „Beschränkungen" nur den Inhalt des Gebrauchs, den der Vermieter dem Mieter gewährte, nur die Art und Weise seiner Gebrauchsüberlassung. Jede Überlassung des Gebrauchs von Sachen an einen Dritten stellt eine Beschränkung des Eigengebrauchs des Überlassenden dar; in der Regel überläßt sogar der Vermieter das Mietobjekt dem gesamten Gebrauch des Mieters und verzichtet für die Dauer der Mietzeit auf den gesamten Eigengebrauch. In Wahrheit hatte also in dem vom RFH a.a.O. entschiedenen Falle der Vermieter und Eigentümer nicht zusätzliche, sondern weniger Beschränkungen als üblich auf sich genommen. Es handelte sich mithin um einen reinen Mietvertrag.

---

[118] So RFH 48, 215.

b) In scharfem Kontrast zu dieser Entscheidung steht die in RStBl. 1944, 590. Hier nahm der RFH bei Gastwirtschaftsverpachtung durch eine Brauerei reine Grundstückspacht an, obwohl der Wirt sich verpflichtet hatte, sein Bier nur von der Brauerei zu beziehen, und ihr erhebliche Aufsichtsrechte über seinen Betrieb eingeräumt hatte. Das Motiv der Brauerei für die Verpachtung: die Hebung ihres Bierabsatzes, erklärte der RFH für rechtlich unerheblich. Das war in diesem Falle freilich nicht richtig, weil das Vertragsmotiv zum Vertragsinhalt gemacht war oder doch sich in ihm niedergeschlagen hatte: in Gestalt der Bierbezugspflicht. Solche **Miet- oder Pachtverträge mit Warenbezugsverpflichtung** sind in Wahrheit gemischte Verträge[119]. Sie sind jedoch umsatzsteuerrechtlich als reine Miet- oder Pachtverträge zu behandeln, weil die Bezugspflicht nur Nebenpflicht ist und für sie weder vom Pächter noch vom Verpächter ein Entgelt gezahlt wird. Es genügt, daß der in Erfüllung dieser Nebenpflicht sich vollziehende Warenumsatz versteuert wird.

XI. Vom Boden der Ausführungen unter X möchte ich noch einmal zu den beiden bereits oben S. 29 ff. kritisierten Entscheidungen des BFH (58, 116; 60, 154) betreffend **Stände auf Ausstellungen, Märkten und Festen** kritisch Stellung nehmen.

1. Beide Entscheidungen argumentieren mit den Motiven und Zwecken der Überlassung des Grundstücks. In E 58, 116 heißt es, daß es „dem Veranstalter der Ausstellung nicht entscheidend darauf angekommen" sei, „Plätze oder Stände zu vermieten, sondern darauf, durch eine zweckmäßig und ansprechend gegliederte Schau der für das Gebiet der Ausstellung wesentlichen gewerblichen Erzeugnisse die Anziehungskraft der Ausstellung zu erhöhen und für diesen Zweck Aussteller zur Mitwirkung im Rahmen der Gesamtorganisation der Ausstellung zu gewinnen". E 60, 154 hebt hervor, daß es dem Schützenverein nicht darauf ankam, „den ihm gehörenden Festplatz durch entgeltliche Überlassung von Teilstücken zum Gebrauch zu nutzen, sondern darauf, durch zweckdienliche Auswahl der Art nach verschiedener Unternehmen und durch ansprechende Aufmachung dieser Unternehmen dem Schützenfestplatz als Ganzes für die Dauer der Schützenfeste eine äußere Gestaltung zu geben, die eine ausreichende Anziehungskraft auf die Bevölkerung gewährleistet". Aber es spielt für die Beurteilung der Rechtsform einer Grundstücksüberlassung keine Rolle, zu welchem Zweck sie erfolgt[120, 126] und

---

[119] Vgl. meinen Kommentar zum MSchG § 2 Anm. 378 ff.
[120] Unrichtig deshalb FG Kassel EFG 1955, 251, die entgeltliche Überlassung der Außenfläche eines Gebäudes zu Reklamezwecken sei keine Grundstücksvermietung, weil die Ermöglichung der Wirtschaftswerbung zum wesentlichen Vertragsinhalt erhoben sei. Zur Kritik dieser Entscheidung vgl. auch Anm. 43 und 46.

ob sie Selbstzweck oder nur Mittel zum Zweck ist[121]. Eine entgeltliche schuldrechtliche Überlassung einer Wohnung ist und bleibt auch dann Miete, wenn der Vermieter die Vermietung nicht aus Gründen des Gelderwerbs oder der Grundstücksnutzung vornimmt, sondern aus philanthropischen oder humanitären Erwägungen oder als gemeinnütziges Wohnungs- oder Siedlungsunternehmen — oder um einer Beschlagnahme durch das Wohnungsamt zu entgehen. Ob ich einem Studenten untervermiete, weil ich meine Einnahme erhöhen oder weil ich dessen Eltern oder ihm oder seiner Universität oder Corporation gefällig sein will, macht für die Rechtsnatur des Raumüberlassungsvertrags keinerlei Unterschied. Sofern sie entgeltlich erfolgt, liegt Miete vor. Ob eine Kirchengemeinde den Gemeindesaal vermietet, um Einnahmen zu erzielen oder um geistliche Veranstaltungen zu fördern, ist mietrechtlich gleichgültig. Daß der Brauerei bei der Verpachtung einer ihr gehörenden Gaststätte mehr an dem Absatz ihres Bieres in dieser Wirtschaft als an dem Pachtzins liegt, ändert am Pachtcharakter der Gaststättenüberlassung nicht einmal dann etwas, wenn der Pachtvertrag mit einer Bierabnahmeverpflichtung des Gastwirts verkoppelt wird, wie die oben S. 43 besprochene Entscheidung RFH RStBl. 1944, 590 zutreffend festgestellt hat.

2. Diese Entscheidung widerlegt auch die weitere Argumentation von BFH 58, 116 und 60, 154 mit den weitgehenden Weisungsrechten, die sich die Veranstalter von Ausstellungen, Märkten, Messen und Festen gegenüber den Ausstellern und Schaustellern und den sonstigen Gewerbetreibenden vorzubehalten pflegen. Solche Weisungsrechte des Vermieters oder Verpächters gegenüber dem Mieter oder Pächter sind weder ungewöhnlich, noch besagen sie etwas gegen den Miet- oder Pachtcharakter der Grundstücks- oder Raumüberlassung[122]. Die Art und Weise des Gebrauchs der Mietsache — des Gebrauchs und der Nutzung des Pachtobjekts — kann durch Parteivereinbarung näher, und auch abweichend vom Gesetz, geregelt werden. Dann kann diese Regelung aber auch einseitig vom Vermieter oder Verpächter getroffen werden, sofern ihm die Ermächtigung dazu im Miet- oder Pachtvertrag erteilt wird. Das ist bei zahllosen Miet- und Pachtverhältnissen der Fall; man denke nur an die Hausordnung, die in der Regel einseitig vom Vermieter und Hauseigentümer erlassen wird. Das hat der BFH im Ladenstraßenurteil 64, 542

---

[121] Worauf es RFH 49, 89 abstellte. Zur Kritik dieser Entscheidung vgl. o. S. 17 Ziff. IV.

[122] Vgl. *Eiffler* UrkStG § 13 Anm. 10 n), der sich auf ein unveröffentlichtes Urteil des KG vom 24. 4. 1923 beruft: Überlassung eines Theaters mit allem Zubehör gegen Ertragsbeteiligung ist Pacht, nicht Gesellschaft. „Dem steht nicht entgegen, daß der Verpächter sich weitgehende Befugnisse hat einräumen lassen, durch die er einen Einfluß auf das Geschäftsunternehmen des Pächters ausüben kann, ohne Verpflichtungen zur Förderung dieses Unternehmens übernommen zu haben."

auch anerkannt, an dessen Schluß es heißt: „Die ordnungsmäßigen Einfügungen und Beschränkungen, die der Mieter mit Rücksicht auf die größere Zahl von Läden in der Ladenstraße dabei auf sich nehmen muß (z. B. Einhaltung der Geschäftszeiten), entsprechen allgemeiner Geschäftsübung und sind unbeachtlich".

3. In diesem Satz ist auch klargestellt, daß es der Qualifizierung einer Raumüberlassung als Miete nicht entgegensteht, wenn der Mieter sich verpflichtet, den überlassenen Laden während bestimmter Zeit zu benutzen, wenn er also eine Gebrauchs*pflicht* übernimmt und nicht nur ein Gebrauchs*recht* erhält. Zwar obliegt nach dem *Gesetz* dem Mieter keine Gebrauchspflicht über die Obhutspflicht hinaus[123]. Wohl aber kann eine solche Gebrauchspflicht *vereinbart* werden, ohne daß dadurch der Überlassungsvertrag seinen Charakter als Miet- oder Pachtvertrag verliert, sofern nicht die Gebrauchspflicht zur *Haupt*leistung des Mieters oder Pächters wird[124]. Aber selbst wo letzteres der Fall ist, liegt nicht ein Vertrag „besonderer Art" vor, sondern ein aus Miete oder Pacht und Dienst- oder Werkleistung gemischter Vertrag, und zwar ein doppeltypischer oder Zwittervertrag i. S. von oben S. 36 Ziff. (3), so daß jedenfalls das Entgelt für die Raum- oder Grundstücksüberlassung umsatzsteuerfrei ist.

4a) Im Schützenfesturteil 60, 154 verwertet der BFH als Argument gegen den Mietcharakter noch den Umstand, daß die Schausteller sich „ausdrücklich eine Zurückzahlung bereits gezahlter Platzmiete für den Fall der Nichtabhaltung des Schützenfestes ausbedungen" hatten. Diese Abrede hält der BFH für „nicht verständlich, wenn" den Schaustellern „nur an der — ja auch im Falle der Nichtabhaltung des Festes an sich möglichen — Überlassung eines Grundstücksteils zum Gebrauch gelegen wäre". Aber wer ein Zimmer zwecks Besuchs der Automobilausstellung und für deren Dauer mietet, will und braucht keinen Mietzins zu zahlen, wenn die Ausstellung nicht stattfindet. Der BFH hat übersehen, daß die Schausteller nicht schlechthin einen Grundstücksteil gemietet hatten, sondern zum Gebrauch zu bestimmten Zeiten und bestimmten Zwecken. Der vertragsgemäße Gebrauch des gemieteten Platzes konnte nur während des Schützenfestes gewährt werden: nur wenn und solange es stattfand. Im Falle der Nichtabhaltung des Festes war daher, entgegen der Behauptung des BFH, die Gebrauchsgewährung des Platzes nicht möglich. Die Platzüberlassung außerhalb des Festes wäre nicht der *vertragsgemäße* Gebrauch, den der Vermieter nach §§ 536 ff. BGB schuldet. Nur auf diesen vertraglichen Mietgebrauch kommt es an, nicht auf einen

---
[123] Vgl. meinen Kommentar zum MSchG § 2 Erl. 364 ff., insbesondere Erl. 373 mit Nachw.
[124] Vgl. meinen Kommentar a.a.O. § 1 Erl. 35 und § 2 Erl. 373 in und zu Noten 304, 305.

Gebrauch „an sich", auf den der BFH abstellt. Auch hier zeigt sich wieder, wie wenig der BFH die bürgerlichrechtlichen Grundsätze beachtet. Auch hier hat er verkannt, daß nur eine Modalität des Mietgebrauchs vorliegt, daß diese Modalität der Parteivereinbarung offensteht und daß durch solche modifizierende Vereinbarung der Charakter des Vertrags als Miete oder Pacht sich nicht ändert.

b) Damit widerlegt sich zugleich das Argument des BFH (60, 154), „die wesentliche Leistung" des Schützenvereins „gegenüber den Marktbeziehern" bestehe nicht „in der Überlassung eines Platzes zum Gebrauche, sondern in der Organisierung einer Veranstaltung (des Schützenfestes), die den Marktbeziehern besonders günstige Geschäftsmöglichkeiten bietet, und in der Zulassung zur Teilnahme an dieser Veranstaltung". Es kommt für die rechtliche Qualifizierung und Typisierung des Vertrages nur auf die Qualität und den Typus der *vertraglich geschuldeten,* der vereinbarten Leistung an. Der Schützenverein schuldet aber den Schaustellern nicht „die Organisierung des Schützenfestes", sondern nur den Gebrauch der ihnen überlassenen Plätze zur Zeit und im Rahmen des Schützenfestes. Das Schützenfest und seine „Organisierung", die „Veranstaltung", ist nicht Leistungs*gegenstand,* sondern Vertrags*grundlage*; sie bildet nur den Rahmen, innerhalb dessen die versprochene Leistung: die Gewährung des Platzgebrauchs, zu erbringen ist. Die Schausteller hatten in dem vom BFH (60, 154) entschiedenen Falle gerade keinen Anspruch auf die Abhaltung und Organisierung des Schützenfestes; denn „für den Fall der Nichtabhaltung des Schützenfestes" war, „von dem Anspruch [125] auf Zurückzahlung im voraus geleisteter Platzmiete" (!) „abgesehen, die Geltendmachung weiterer Ansprüche" gegen den Schützenverein ausdrücklich ausgeschlossen.

5. Was die „Werbe- und Geschäftsmöglichkeiten" angeht, auf die beide BFH-Entscheidungen wesentlich abstellen, so ist darauf hinzuweisen, daß diese bei jeder Vermietung und Verpachtung von Läden, Verkaufs- und Ausstellungsräumen, von Gastwirtschaften und Hotels, von Tankstellen und Theatern usw. eine wesentliche Rolle spielen [126]. Hier ist die Lage der Räume oder Grundstücke häufig entscheidend für die Wahl des

---

[125] Der sich bereits aus dem Gesetz ergibt, vgl. §§ 812, 552, 555 BGB.
[126] Typisch für die hier sich immer mehr ausbreitende Betrachtungsweise ist es, wenn *Plückebaum-Malitzky* a.a.O. Tz. 2783/4 dem Vertrag zwischen Unternehmer und Touristen über einen **Campingplatz** den Mietcharakter mit der Begründung absprechen, daß es den Touristen „nicht so sehr auf die Überlassung einer bestimmten Grundstücksfläche" ankomme, „als vielmehr auf die Möglichkeit zum Parken, Zelten, Abkochen usw.". Mit dem gleichen Recht könnte man bei jeder Wohnungsüberlassung das Mietrecht leugnen mit der Begründung, es komme dem Mieter nicht auf die Räume als solche an, sondern auf die Möglichkeit, darin zu wohnen, zu schlafen, hauszuwirtschaften etc. Hier werden Vertragszweck und Vertragsgegenstand, Mietobjekt und Mietzweck verwechselt oder identifiziert. Ebenso in der in Anm. 46 und 120 kriti-

Miet- oder Pachtobjekts und von wesentlichem Einfluß auf die Höhe des Miet- oder Pachtpreises. Ein Laden in der Hauptgeschäftsstraße einer Großstadt kostet das zehn- bis fünfzigfache der Miete eines Ladens gleicher Größe und gleichen Grundrisses in der Nebenstraße eines Wohnviertels der gleichen Stadt — allein wegen der vielfach größeren „Werbe- und Geschäftsmöglichkeit". Aber dieser *wirtschaftlich* fundamentale Unterschied ist für die *rechtliche* Qualifizierung der Raumüberlassung gänzlich gleichgültig: in beiden Fällen handelt es sich um einen reinen Mietvertrag.

a) Hier wird der BFH vielleicht einwenden, es mache aber auch rechtlich einen Unterschied, ob jene Werbe- und Geschäftsmöglichkeiten vom Vermieter selbst geschaffen seien oder sich nur aus der Gunst der Lage des Mietobjekts ergäben[127]. Aber diesen Einwand hat sich der BFH mit seinem Ladenstraßenurteil E 64, 542 abgeschnitten. Obwohl dort der Vermieter alle Läden der Straße gebaut und eingerichtet und sie dabei so gestaltet hatte, daß sie aufeinander abgestimmt waren und eine einheitliche Ladenstraße bildeten, die sogar als „Kaufhaus" bezeichnet war, hat der BFH dennoch einen reinen Mietvertrag angenommen und die Anwendung der in seinen Entscheidungen E 58, 116 und 60, 154 vertretenen Grundsätze abgelehnt. Hier soll es nicht anders liegen „wie auch bei anderen Vermietungen zweckmäßig eingerichteter und auf die Nachbargeschäftslage abgestimmter Ladenräume". Es handele sich „um nichts anderes als um eine betontere Durchführung dessen, was sich in jeder Geschäftsstraße aus Konkurrenz- und Zweckmäßigkeitsgründen in vielleicht unvollendeter Weise bei der Vermietung von Geschäftsläden abspielt". Das sind goldene Worte! Nur fragt man sich vergeblich, warum

---

sierten EFG 1955, 251 betr. Vermietung von Außenflächen eines Gebäudes zu Reklamezwecken. Der Zweck des Vertrags: Ermöglichung der Wirtschaftswerbung, ist von seinem Gegenstand: Grundstücksteil, weil Gebäudeteil, zu unterscheiden und ändert nichts daran, daß es sich um reine Grundstücks-(teil)Miete handelt.

[127] So anscheinend *Plückebaum-Malitzky* a.a.O. Tz. 2773: „Die günstigen Werbe- und Geschäftsmöglichkeiten ... beruhen nicht auf einer dem Grundstücksteil als solchem anhaftenden Eigenschaft; sie sind vielmehr auf das zeitlich begrenzte Vorhandensein einer Organisation, nämlich der Ausstellung, zurückzuführen, die eine besondere Anziehungskraft auf die Käuferschaft ausübt." Aber nach dem Mietrecht des BGB ist es gleichgültig, ob die geschäftlichen Möglichkeiten, die der Mieter in dem und durch das Mietobjekt nützen will, diesem von Hause aus, „natürlicherweise", eignen oder ob sie erst vom Vermieter oder vom Mieter geschaffen worden sind oder werden müssen. Vgl. RG Warn. 1925 Nr. 22: wenn der Mieter durch die Überlassung der Räume nur eine örtliche Gelegenheit zum Betriebe seines Gewerbes und zur Entfaltung einer gewinnbringenden Tätigkeit erhalten soll, dann liegt Miete, nicht Pacht vor! Diese Entscheidung zeigt zugleich, daß die Betonung der besonderen „Werbe- und Geschäftsmöglichkeiten" des Ausstellers dem Vertrag über den Ausstellungsstand allenfalls die Eigenschaft als Pacht statt bloßer Miete geben kann, aber nicht die Annahme eines Vertrages „besonderer Art" zu rechtfertigen vermag.

sie der BFH nicht auch auf die Platzmiete bei Volksfesten und auf die Standmiete bei Ausstellungen[128] anwendet.

b) Der BFH ist sich dieses Widerspruchs wohl bewußt. Er rechtfertigt ihn damit, daß es sich bei der Ladenstraße um eine Dauervermietung, bei den Messen, Ausstellungen, Märkten und Festen dagegen um eine kurzfristige Überlassung handele. Daß dieser Unterschied nichts für oder gegen den Mietcharakter aussagt, habe ich schon oben S. 10 klargestellt. Nicht die Dauer, sondern Inhalt und Gegenstand der Leistung bestimmen den Standort des Vertrags im gesetzlichen Typensystem des besonderen Schuldrechts.

c) Wenn in diesem Zusammenhang der BFH behauptet, bei den Messen, Ausstellungen und Festen fänden „von Fall zu Fall Gestaltungsleistungen und Attraktionen" des Veranstalters „neu statt", was „immer wieder eine Leistung besonderer Art" sei, so ist diese Behauptung teils rechtlich unerheblich, teils tatsächlich unrichtig. „Attraktionen" mögen bei Volksfesten häufig sein, bei Messen und Ausstellungen sind sie nicht üblich und jedenfalls nicht wesentlich. Selbst wenn sie aber stattfinden, so sind sie keine Leistungen des Veranstalters an den Aussteller oder Schausteller, sondern an den Besucher des Festes oder der Ausstellung. Die Schau- und Aussteller mögen ihren geschäftlichen Nutzen aus dieser Leistung an Dritte ziehen. Damit wird diese Drittleistung noch keine Leistung an sie — und jedenfalls keine ihnen vertraglich geschuldete Leistung. Bei diesen „Attraktionen" liegt es wie bei der Organisation und Veranstaltung der Ausstellung, Messe oder Volksbelustigung überhaupt: Sie sind im Verhältnis des Veranstalters zu den Aus- und Schaustellern nicht Leistungsgegenstand, sondern nur Leistungsgrundlage, s. o. S. 46 sub 4b).

d) Bei seiner Abstellung auf die Leistungen „von Fall zu Fall", auf das „immer wieder" der Leistung aber hat der BFH übersehen, daß diese Wiederkehr gerade ein Wesensmerkmal jedes Mietverhältnisses bildet und daher niemals das Vorliegen eines Mietverhältnisses widerlegen kann. Ist doch die Miete ein Dauerschuldverhältnis! Die Leistung des Vermieters erschöpft sich nicht in der Überlassung des Mietobjekts; vielmehr schuldet der Vermieter dem Mieter fortdauernden Gebrauch der Mietsache für die gesamte Dauer des Mietverhältnisses. Die nach § 535 BGB geschuldete Leistung des Vermieters ist eine immer wieder sich erneuernde Dauerleistung[129], so wie ja auch die Gegenleistung des Mieters in aller Regel in Form wiederkehrender Leistungen zu erbringen ist. Dagegen ist für die Bestimmung der Miete als Dauerschuldverhältnis

---

[128] Über Platzmiete auf einem Ausstellungsgelände zwecks Errichtung eines Pavillons vgl. Dresden OLGE 27, 140, wo das OLG ganz selbstverständlich ein Mietverhältnis angenommen hat.
[129] Vgl. *Roquette*, Mietrecht (4) S. 63/4.

und für die Gebrauchsgewährung des Vermieters als Dauerleistung die Länge der Dauer gleichgültig: Ob kurzfristig oder langfristig — immer handelt es sich um eine sich ständig wiederholende Dauerleistung im Gegensatz zur Einmalleistung.

6. BFH 60, 154 operierte ferner damit, daß die Schausteller dem Veranstalter das Recht eingeräumt hatten, ihnen nach seiner Wahl einen Platz auf dem Festgelände anzuweisen und diese Anweisung zu ändern. Dieses Argument, wenn es schlüssig wäre, würde auch für Ausstellungen bedeutsam sein, bei denen ebenfalls häufig dem Veranstalter Einfluß auf die Standortbestimmung der einzelnen Aussteller eingeräumt wird. Aber daraus folgt nichts gegen die Qualifikation der Platz- oder Standüberlassung als Miete. Es liegt hier nur der in § 315 BGB geregelte Tatbestand vor, daß die genaue Leistungsbestimmung nicht im Vertrage selbst erfolgt, sondern darin einer Vertragspartei überlassen wird — genauso wie sie nach §§ 317 ff. BGB auch einem Dritten übertragen werden kann. Solche Klauseln über die einseitige Leistungsbestimmung sagen über die Rechtsnatur und den Typus der Leistung gar nichts aus. Diese bestimmen sich nach dem Inhalt der Leistung und nicht nach der Person dessen, der sie bestimmt. Auch entbehrt es der Logik, wenn der BFH aus dem Umstand, daß die Schausteller sich mit der Auswechslung eines bereits zugeteilten Platzes gegen einen anderen Platz einverstanden erklärt hatten, folgert, daß sie „in der Überlassung der Grundstücksteile als solcher nicht die entscheidende Leistung des Schützenvereins" sahen. Was daraus folgt, ist nur dies, daß nicht von vornherein ein *bestimmter* Grundstücksteil vermietet war, sondern daß dessen Bestimmung dem Vermieter überlassen wurde und dieser seine Bestimmung ändern durfte. Daß *ein* Grundstücksteil entgeltlich überlassen wurde, ist damit bestätigt — und das allein genügt, die Elemente eines Grundstücksmietvertrages zu erweisen [130, 131].

7. In E 58, 116 hat sich der BFH, außer auf RFH 49, 310, noch auf **RGZ 88, 108** berufen, welcher Entscheidung er ebenfalls „gleichartige Gedankengänge" unterstellt. Aber der Tatbestand lag hier und dort grundsätzlich anders.

a) In RGZ 88, 108 handelte es sich um die Ausstellungs*wirte*, in BFH 58, 116 um die *Aussteller* selbst. Der „Gedankengang" des Reichsgerichts, das an Stelle einer Platzmiete ein gesellschaftsähnliches Verhältnis angenommen hat, beruhte auf der Erwägung, daß in seinem Falle die Wirte Hilfsorgane des Veranstalters der Ausstellung seien. Die Platzmiete war

---
[130] Daß die Befugnis des Vermieters, dem Mieter einen anderen Platz als den bisherigen zuzuweisen, die Steuerbefreiung nach § 4 Nr. 10 UStG nicht ausschließt, hat bereits der RFH in StW 1933 Nr. 172 Ziff. 3 für den Fall der Überlassung von Plätzen zur Aufstellung von Automaten, Personenwaagen und Verkaufsständen im Bahnhof entschieden.
[131] Vgl. auch o. S. 25 zu Anm. 51.

nach Auffassung des Reichsgerichts hier „nur ein Glied in der Organisation, kraft welcher die Wirte als mitwirkende Unterorgane in ein organisch aufgebautes und organisch zusammenhängendes Ganze hineingefügt wurden". „Die Wirte waren nicht entfernt nur Mieter eines zur Wirtschaft geeigneten Platzes oder Gebäudes, sondern sie waren *Ausstellungs*wirte, die für den bezeichneten Bestand der Ausstellung berechtigt und verpflichtet wurden". Diesen „ordnungsmäßigen, verkehrsüblichen, regelrechten Bestand der Ausstellung während des vorgesehenen Zeitraums" „hatte" der Ausstellungsveranstalter „den Wirten vertragsmäßig zu leisten". „Dieser Bestand war die" dem Veranstalter „obliegende Gegenleistung". Darin hat das Reichsgericht den Gegenstand und Inhalt des Vertrags erblickt und diesen deshalb nicht als Miete qualifiziert.

b) In den vom BFH entschiedenen Fällen E 58, 116 und 60, 154 lagen solche Verträge nicht vor. Für die Schausteller des Schützenfestes habe ich schon oben S. 46 sub 4 b) klargestellt, daß die Veranstaltung und Organisation des Festes nicht Leistungsgegenstand, sondern nur Vertragsgrundlage ist. Das war im Falle RGZ 88, 108 anders. Das Reichsgericht stellte ausdrücklich fest, daß „der Bestand der Ausstellung nicht nur der wirtschaftliche Boden war, aus dem die Wirte einen ihren Leistungen entsprechenden Nutzen und Verdienst ziehen wollten und sollten, sondern dieser Bestand war rechtlich die dem Kläger obliegende Gegenleistung". So aber liegt es bei den Ausstellern nicht. Sie können daher den Ausstellungswirten keinesfalls gleich- oder an die Seite gestellt werden. Auf sie ist daher RGZ 88, 108 nicht anwendbar; denn sie sind nicht Unterorgane oder Hilfsorgane des Veranstalters und stehen zu ihm nicht in einem gesellschaftsähnlichen Verhältnis. Während bei der in RGZ 88, 108 behandelten Ausstellung die Wirte mit dem Veranstalter zusammenwirkten, um die Ausstellung für deren Besucher attraktiv zu machen, liegt das Verhältnis des Veranstalters zu den Ausstellern interessenmäßig genauso wie das Verhältnis zu den Besuchern: Die Ausstellung wird gleichermaßen für den Aussteller wie für den Besucher veranstaltet: beide, Besucher und Aussteller, sind die Nutznießer der Ausstellung und daher der wirtschaftliche und rechtliche Gegenspieler des Veranstalters, nicht aber seine Gehilfen oder selbständige Mitarbeiter. Eine Ausstellung wird für die Aussteller und die Besucher, aber nicht für die Ausstellungswirte, die Inhaber von Verkaufsständen und die fliegenden Händler, veranstaltet. Folglich können die Aussteller nicht diesen Personen an die Seite gestellt werden und mit ihnen gleich behandelt werden. Daher war es unzulässig, daß sich der BFH in der Schützenfestentscheidung (60, 154), die die Schausteller betraf, auf seine die Aussteller betreffende Entscheidung BFH 58, 116 und in dieser das Verhältnis des Veranstalters zu den Ausstellern behandelnden Entscheidung auf die Entscheidung über die Ausstellungs*wirte* in RGZ 88, 108 berief. Ein kleiner Zuschuß „wirtschaftlicher Betrachtungsweise" hätte hier genügt, solche falschen Parallelen und unrichtigen Gruppenbildungen zu verhindern.

8. Noch eindeutiger ist die Gruppierung bei den **Messen.** Sie werden veranstaltet, um Produzenten und Händlern und sonstigen Unternehmern Gelegenheit zu geben, sich zu begegnen, Geschäftsverbindungen aufzunehmen, zu erneuern oder zu erweitern, Geschäfte abzuschließen und über den neuesten Stand der Technik, der Fertigung, des Sortiments, der Einkaufs- und Verkaufsmöglichkeiten, kurz: über die Marktlage sich zu informieren. Der Veranstalter der Messe stellt den Raum für dieses Treffen der Marktteilnehmer zur Verfügung und organisiert es. Zur zweckentsprechenden Organisation oder doch zur erfolgreichen Veranstaltung der Messe gehört auch die Werbung für sie.

a) Damit haben wir die drei Elemente in der Hand, aus denen die Leistung des Veranstalters der Messe besteht und für die der zur Messe zugelassene und an ihr teilnehmende Aussteller bezahlt: die Raum- oder Standüberlassung, die Werbung und die Organisation. Nur für sie darf der Messeveranstalter nach § 68 GewO ein Entgelt fordern: eine „Vergütung für den überlassenen Raum" und „Beiträge für die im Interesse der Beteiligten geleistete Werbe- und Verwaltungstätigkeit".

b) Daß dabei die Raum- oder Platzüberlassung nicht völlig nebensächlich, auch nicht nur von untergeordneter Bedeutung ist, sondern gleichwertig neben, wenn nicht vorrangig vor der Organisations- und Werbeleistung steht, wurde schon oben S. 33 sub b) festgestellt. Das Messegelände ist die erste und wichtigste Voraussetzung für die Veranstaltung einer Messe, die Überlassung eines Ausstellungsstandes oder -platzes die erste und wichtigste Voraussetzung für die Teilnahme eines Kaufmanns an einer Messe als Aussteller.

c) Es handelt sich also bei dem Rechtsverhältnis zwischen Messeveranstalter und -aussteller nicht um einen atypischen Vertrag oder einen Vertrag besonderer Art, sondern um einen gemischten Vertrag, und zwar der Untergruppe der Kombinations- oder Zwillingsverträge im Sinne von oben S. 36 Ziff. (2). Bei ihnen ist, wie oben S. 42 sub b) ausgeführt, für die Umsatzsteuer das Gesamtentgelt zu zerlegen; das Entgelt für die Stand- oder Platzüberlassung ist umsatzsteuerfrei[132], weil diese Überlassung Miete ist[133].

---

[132] *Herting* DStZ 1940, 318 zu Anm. 6; *Wauer* StW 1957, 550 oben. A.A. FG Hannover EFG 1959, 295.
[133] Ebenso PrFinMin vom 26. 3. 1923 II C 1012 (nach *Eiffler* UrkStG § 13 Anm. 10 l) S. 254); *Mittelstein* a.a.O. S. 15 zu Note 48 unter Berufung auf LG Leipzig Sächs. Arch. 1895, 154; *Boruttau* UrkStG (5. Aufl. 1940) § 13 Erl. 2 (2).
LG Leipzig LZ 1921, 277 hat offengelassen, ob „Miete, Pacht oder gesellschaftsähnliches Verhältnis", neigte aber offensichtlich zur Miete.

XII. Die Verwirrung um die Begriffe der „gemischten" Verträge und solcher „besonderer Art" erschwert auch die umsatzsteuerrechtliche Behandlung der **Tankstellenverträge**[134].

1. In ihrer einfachsten Form sind sie folgendermaßen gestaltet: Der Eigentümer eines für eine Tankstelle geeigneten und von der Mineralölgesellschaft gesuchten Grundstückes begnügt sich nicht mit dessen Vermietung an die Gesellschaft und folglich nicht mit dem Grundstücksertrag, sondern er will auch noch seine Arbeitskraft verwerten: er will neben dem Mietzins Dienst- oder Werklohn aus dem Vertrag mit dem Ölfabrikanten oder -händler beziehen. Deshalb läßt er sich zum Verwalter der Tankstelle bestellen, sei es als Angestellter, sei es als Agent oder als Kommissionär. Im ersten Fall bezieht er Gehalt, im zweiten und dritten Provision aus dem Verkauf der Brennstoffe. Diese Provision ist umsatzsteuerpflichtig, die Miete für das Grundstück ist es nicht[135]. Es handelt sich um eine schlichte Vertragsverbindung, um eine *Kombination von Miete mit Dienst- oder Werkvertrag*[136], wobei auch die Gegenleistung der Ölfirma, entsprechend den beiden Leistungen des Grundstückseigentümers und Tankstellenverwalters, bereits vertraglich aufgespalten ist: in die Gegenleistung für die Grundstücksüberlassung und in diejenige für die Dienst- oder Werkleistung. Es bedarf daher für die Umsatzsteuer gar nicht erst noch der finanzamtlichen Aufspaltung oder Zerlegung; diese haben bereits die Parteien vorgenommen. Sie ergibt sich unmittelbar aus deren Vereinbarungen.

a) Dabei ist es gleichgültig, ob diese Vereinbarungen in einer einzigen Urkunde oder in mehreren niedergelegt und ob im letzten Falle die beiden Verträge gleichzeitig oder nacheinander abgeschlossen sind. Unerheblich ist auch, wie eng die beiden Verträge miteinander verkoppelt sind, insbesondere ob sie getrennt oder nur zusammen aufgelöst werden können[137]. Die Einheitlichkeit oder Trennbarkeit der mehreren Vereinbarungen ist umsatzsteuerrechtlich ganz unerheblich[138]; denn sie hindert nicht die Zerlegung des Gesamtentgelts in einen steuerfreien und einen steuerpflichtigen Teil.

b) Dieser Zerlegung und damit der Behandlung als „gemischter" — genauer: als verbundener — Vertrag steht es auch nicht entgegen, wenn das Entgelt für die Grundstücksüberlassung nicht in einem festen Miet-

---

[134] Lit.: *Weisensee* UStR 1958, 121; 1955, 101; *Plückebaum-Malitzky* a.a.O. Tz. 2762—2764 b.

[135] FG Rheinland-Pfalz EFG 1959, 111; FG Karlsruhe EFG 1958, 34.

[136] Ebenso BGH MDR 1959, 483 (m. Anm. von mir ebd. S. 836) = BB 1959, 391 Nr. 670 für den parallelen Fall, daß der Inhaber eines Ladengeschäfts dieses aufgab, den von ihm gemieteten Laden an ein Kaufhaus zur Einrichtung einer Filiale untervermietete und sich dort als Filialleiter anstellen ließ.

[137] worauf es BFH BStBl. 1959 III 223, FG München UStR 1955, 101, FG Nürnberg EFG 1955, 379 entscheidend abstellen.

[138] S. o. S. 39 ff. sub d).

zins besteht, sondern, wie die Vergütung für die Tankstellenverwaltung, in einer (weiteren) „Provision" für jeden Verkauf eines Produkts der Ölfirma. Diese „Provision" ist nichts anderes als eine Form der Umsatzmiete — und diese ist eine allgemein gebräuchliche und zivilrechtlich längst anerkannte Form der Mietzinsbemessung oder -errechnung[139]. Sie ist keineswegs so selten, wie es der BFH in BStBl. 1959 III 224 darstellt. Sie erklärt sich bei der Geschäftsraummiete, wo sie immer häufiger wird, nicht daraus, daß „sich die Räume und damit (!) das Grundstück (?!) um so mehr abnutzen, je mehr Kundschaft den Mieter aufsucht", wie der BFH seltsam wirklichkeitsfremd meint. Die Umsatzmiete ist keine Form des Gewerberaumzuschlags für Mehrabnutzung[140], sondern eine Form der partiarischen Miete, also eine Beteiligung des Vermieters an dem Nutzen des Mieters aus seinem Gewerbe, das er in den Mieträumen oder auf dem Mietgrundstück betreibt — eine Art stiller Gesellschaft zwar nicht im Rechtssinne, aber wirtschaftlich betrachtet.

In seinem Falle des Tankstellenvertrages hat der BFH die Behandlung der für die Tankstellenüberlassung gezahlten „Provision" als Umsatzmiete vor allem deshalb abgelehnt, weil hier die Höhe des Umsatzes und damit der Miete nicht, wie in den Regelfällen der Umsatzmiete, von der geschäftlichen Tätigkeit und Tüchtigkeit des Mieters, sondern von der des Vermieters abhänge, der ja zugleich der Tankstellenverwalter ist. Aber er erhält *diese* Provision nicht in seiner Eigenschaft als Verwalter der Tankstelle, sondern als deren Eigentümer und Vermieter. Der BFH sagt selbst, daß die in der Tankstelle erzielten Umsätze solche des Mineralölunternehmers seien, was jedenfalls dann zutrifft, wenn der Vermieter die Tankstelle als Angestellter oder Agent, nicht als Kommissionär[141], „verwaltet" oder „betreibt".

Daher zieht das Argument des BFH nicht, es sei „völlig unüblich, daß sich ein Mietzins um so mehr erhöht, je größer die Betriebsamkeit des Vermieters ist, weil sich durch dessen im eigenen Interesse aufgewendeten Fleiß der Mietwert der von ihm vermieteten Räume nicht erhöht". Das ist aus dreifachem Grunde nicht beweiskräftig. Erstens beachtet der BFH nicht die Doppelrolle, in der sich hier der Vermieter infolge des doppelten Vertrages befindet: daß er zugleich Tankstellenverwalter ist. Die Betriebsamkeit entfaltet er nicht als Vermieter, sondern als Verwalter. Freilich kommt sie ihm auch in seiner Rolle als Vermieter zugute, weil mit steigendem Umsatz in der Tankstelle nicht nur seine

---

[139] Vgl. meinen Kommentar zum MSchG § 1 Erl. 52; *Staudinger-Kiefersauer* a.a.O. § 535 Erl. 92; *Mittelstein* a.a.O. S. 76 ff., alle m. Nachw.

[140] nach Art des § 2 III GeschäftsraummietenG und des § 18 AltbaumietenVO.

[141] In diesem Falle ist umsatzsteuerrechtlich auch der Verwalter, nicht nur die Ölgesellschaft, „Unternehmer", und muß er auch die Verkaufserlöse, nicht nur seine Provision, versteuern, §§ 3, 10 UStDB.

Verwaltervergütung, sondern auch seine Mieteinnahme steigt. Das täte sie aber auch dann, wenn ein Dritter die Tankstelle „verwalten" würde. — Zweitens verkennt der BFH den partiarischen Charakter der **Umsatzmiete. Mit ihr wird das Raumüberlassungsentgelt gerade vom Mietwert der Räume gelöst.** Die Steigerung der Mieteinnahmen bei steigendem Umsatz beruht gerade nicht auf einer Steigerung des objektiven Nutzungswertes des Mietobjekts noch auf einer Steigerung der Leistungen des Vermieters, sondern auf der Beteiligung des Vermieters an dem wirtschaftlichen Schicksal des in den Mieträumen betriebenen Unternehmens des Mieters bei gleichbleibender Leistung des Vermieters. — Drittens kommt es auf die Üblichkeit überhaupt nicht an. § 4 Nr. 10 UStG beschränkt die Umsatzsteuerbefreiung nicht auf die übliche oder normale Form der Grundstücksnutzung und -verpachtung, sondern gewährt sie jeder Art und Form von Miete und Pacht. Auch hier genießen die Parteien die volle Vertragsfreiheit der bürgerlichen Rechtsordnung. Solange sie sich in deren Grenzen halten und solange die von ihnen gewählte Vertragsgestaltung die wesentlichen Merkmale der Miete oder Pacht des BGB aufweist, haben sie Anspruch auf die Vergünstigung des § 4 Nr. 10 UStG, gleichgültig, ob diese Gestaltung üblich ist oder aus dem Rahmen des Normalen, Gewöhnlichen oder dem BFH Bekannten herausfällt. Nur unter den strengen Voraussetzungen des § 6 StAnpG darf die bürgerlichrechtlich zulässige Vertragsgestaltung steuerrechtlich ignoriert werden. Nicht jede unübliche oder außergewöhnliche Gestaltung ist aber bereits mißbräuchlich; Unüblichkeit begründet auch noch keine Vermutung für Mißbräuchlichkeit oder Steuerumgehungsabsichten.

2. In den von den Finanzgerichten [142] entschiedenen Fällen, soweit sie publiziert wurden, waren die Verträge meist komplizierter gestaltet. Das darf jedoch den Blick für die Grundstruktur der hier vorliegenden Vertragsverbindung nicht trüben.

a) Häufig errichtet nicht die Mineralölgesellschaft die Tankstelle, sondern der Vermieter tut dies mit Mitteln oder mit Hilfe der Ölfirma, der er aber dann nicht nur das Grundstück, sondern auch die darauf befindlichen Anlagen vermietet. Dies kann noch dahin variiert werden, daß einige Betriebsvorrichtungen, wie vor allem die Zapfsäulen und die Tanks, vom Mieter gestellt werden und dessen Eigentum bleiben, also nicht Bestandteile des Grundstücks und nicht Gegenstand des Mietvertrages werden. Diese Varianten sind umsatzsteuerrechtlich nur insoweit erheblich, als nun § 37 UStDB eingreift oder doch eingreifen kann: wenn und soweit der Ölgesellschaft nicht nur Grundstücke und Räume, son-

---

[142] Vgl. BStBl. 1959 III 223; EFG 1955, 379; 1957, 222/3; 1958, 34; 1959, 111; UStR 1955, 101.

dern auch Betriebsvorrichtungen[143] vermietet sind, ist das auf diese entfallende Mietentgelt steuerpflichtig. Alsdann ist also das Gesamtentgelt, das der Vermieter und Tankstellenverwalter erhält, zweimal zu zerlegen: zunächst in die Verwaltervergütung und den Mietzins; diese Zerlegung ist in der Regel bereits im Vertrag vorgenommen. Der Mietzins ist alsdann aufzuspalten in den steuerfreien Grundstücks- und Gebäudemietzins einerseits und in die steuerpflichtige Miete für die Betriebsvorrichtung(en) andererseits. Diese zweite Aufspaltung ist auch vorzunehmen bei einem verlorenen Baukostenzuschuß, den die Ölfirma dem Vermieter gezahlt hat, sofern und soweit man auf verlorene Baukostenzuschüsse des Mieters an den Vermieter § 4 Nr. 10 UStG überhaupt anwenden darf, wie es die Praxis[144] tut.

Dagegen ändern diese verschiedenartigen Gestaltungen nichts an der grundsätzlichen Qualifizierung auch dieser Tankstellenverträge als Kombination von Miete und Anstellung, Agentur oder Kommission, also von Mietvertrag und Dienst- oder Werkvertrag. Sie sind und bleiben auch in dieser Gestaltung „gemischte" — genauer: verbundene — Verträge und werden nicht zu Verträgen „besonderer Art".

b) Das gilt auch dann, wenn der Vertrag vorsieht, daß zugunsten der Ölfirma auf dem Tankstellengrundstück eine persönliche Dienstbarkeit des Inhalts eingetragen wird, daß — nur — sie berechtigt ist, auf dem Grundstück eine Tankstelle zu betreiben, und daß dort nur ihre Erzeugnisse vertrieben werden dürfen. Auch wenn man entgegen BGHZ 29, 244[145] eine so weitgehende Konkurrenzklausel in vollem Umfange für eintragungsfähig hält, hindert das nicht die Anwendung des § 4 Nr. 10 UStG auf das Entgelt für die Grundstücks- und Gebäudeüberlassung[146]. Diese verliert dadurch, daß sie dinglich gesichert wird, nicht ihren Charakter als Miete, als schuldrechtliche Gebrauchsgewährung. Der Gebrauch der Tankstelle wird der Ölgesellschaft nicht — oder doch nicht nur und nicht in erster Linie — auf Grund des dinglichen Rechts der Dienstbarkeit, sondern auch oder nur — oder doch in erster Linie — auf Grund des Mietvertrages gewährt. Die Ölfirma hat nicht nur, wie bei der Servitut, ein Recht *zum* Gebrauch der Tankstelle, sondern *auf* Gewährung dieses Gebrauchs — und ein solches Recht kann ihr nur ein Miet-, Pacht- oder Leihvertrag verschaffen. Die Servitut wird hier nicht an Stelle, sondern neben der Miete vereinbart; sie dient nur der ding-

---

[143] Zur Frage, ob und welche Teile einer Tankstelle Betriebsvorrichtungen oder Gebäude sind, vgl. BFH 62, 55 (zu § 2 I 1 GrErwStG).
[144] Vgl. *Plückebaum-Malitzky* a.a.O. Tz. 3719 ff. m. Nachw.
[145] Leitsatz: „Eine (beschränkte persönliche) Dienstbarkeit kann nicht zum Inhalt haben, daß auf dem zu überlassenden Grundstück keine anderen Erzeugnisse als die des Dienstbarkeitsberechtigten verkauft oder vertrieben werden dürfen."
[146] FG Rheinland-Pfalz EFG 1959, 112; FG Karlsruhe EFG 1958, 34.

lichen Sicherung der wesentlichen Mieterrechte für den Fall der Zwangsversteigerung und des Konkurses des Vermieters und Grundstückseigentümers.

c) Grundsätzlich unschädlich ist es ferner, wenn der Mietzins durch die Verkaufsprovision, die der Vermieter als Tankstellenverwalter erhält, abgegolten wird oder als abgegolten gilt[147]. Damit ist der Mietvertrag oder der mietrechtliche Bestandteil aus dem Gesamtvertrag weder eliminiert, noch wird er dadurch nebensächlich oder bedeutungslos neben dem Vertrag über die Tankstellenverwaltung. Vielmehr nimmt damit der Gesamtvertrag nur die Normalform des „Kombinations- oder Zwillingsvertrages" an: verschiedenartige Leistungen gegen einheitliche Gegenleistung. Diese, die Provision, ist dann für die Umsatzsteuer zu zerlegen in den Teil, der die Verwaltung, und den, der die Gebrauchsgewährung der Tankstelle entgilt. Es ist irrig, wenn der BFH a.a.O. behauptet, daß dort, wo „der Mietzins durch die gewährte Provision mit abgegolten wird", „die Frage, ob ein Mietentgelt steuerfrei sei, überhaupt ausscheidet". Im Gegenteil, erst dann und gerade dann stellt sich die Frage nach der Möglichkeit und Notwendigkeit der Zerlegung des einheitlichen Entgelts, die dagegen bereits von den Parteien beantwortet ist, wenn sie je eine besondere Provision für die Verwaltung der Tankstelle einerseits und für deren Vermietung oder für die Grundstücksüberlassung andererseits vereinbart haben.

Es müssen daher schon ganz besondere Umstände hinzukommen[148], um daraus, daß der Vermieter und Tankstellenverwalter nur eine einzige und einheitliche Verkaufsprovision bekommt, zu folgern, er beziehe keinen oder keinen nennenswerten Mietzins, und es liege kein Mietvertrag vor oder dieser sei nur unwesentliches Zubehör zu dem Dienst-, Agentur- oder Kommissionsvertrag. Dafür kann die Tatsache, daß die Ölfirma ihrem Vertragspartner nur eine einzige Verkaufsprovision zahlt, allenfalls ein Indiz bilden, das für sich allein aber in keinem Falle zur Verneinung eines Mietvertrags und zur Nichtanwendung des § 4 Nr. 10 UStG ausreicht.

d) Unerheblich ist endlich auch, ob der Vermieter selbst Eigentümer des Grundstücks oder/und der Tankstelle ist. Er kann auch Erbbauberechtigter[149] oder Nießbraucher sein — aber auch selbst nur Mieter eines Dritten; denn man kann[150] rechtsgültig auch fremde Sachen vermieten[151].

---

[147] wie im Falle EFG 1955, 379.
[148] wie im Falle EFG 1955, 379, s. u. Anm. 155.
[149] So im Falle EFG 1958, 34.
[150] Man *kann!* Ob man *darf*, ist eine andere Frage, die aber für die Gültigkeit des Mietvertrags unerheblich ist.
[151] *Staudinger-Kiefersauer* a.a.O. § 535 Erl. 89; *Mittelstein* a.a.O. S. 115 ff.

Sondergestaltungen

e) Eine andere umsatzsteuerrechtliche Beurteilung rechtfertigt sich auch dann nicht, wenn der Verwalter und Vermieter der Tankstelle diese nicht von einem Dritten, sondern von der Ölgesellschaft selbst gemietet hat und sie dieser nun weiter- oder zurückvermietet unter seiner gleichzeitigen oder späteren Bestellung zum Verwalter. Eine Unter- oder Weitervermietung i. S. des § 549 BGB kann nicht nur an einen Dritten, sondern auch an den Hauptvermieter erfolgen — selbst wenn dieser, wie in der Regel, zugleich der Eigentümer des Mietobjekts ist; denn auch die Mietung oder Pachtung eigener Sachen ist nach dem BGB zulässig[152], wie schon in den Motiven zum BGB (II 371) klargestellt ist.

Eine solche Vertragsgestaltung ist zwar recht ungewöhnlich, aber nicht ohne Sinn. In dem vom BFH (a.a.O.) entschiedenen Falle konnte diese Doppelvermietung in Gestalt der Hauptvermietung mit anschließender Rückvermietung ihren Grund in folgendem finden: Die Ölfirma errichtete auf dem ihr nicht gehörenden, sondern ihr von einem Dritten vermieteten Grundstück nicht selbst die Tankstelle, sondern überließ die Errichtung dem Tankstellenverwalter auf dessen eigene Rechnung, wenngleich sie ihm einen verlorenen Baukostenzuschuß zahlte und ihm ein Baudarlehen vermittelte. Eigentümer der Gebäude und sonstigen Tankstellenanlagen (mit Ausnahme der von der Ölgesellschaft dem Verwalter nur geliehenen Zapfvorrichtungen) wurde daher der Verwalter. Infolgedessen trägt er und nicht die Ölgesellschaft die Gefahr des Untergangs und der Verschlechterung der Tankstellenanlage; denn *casus sentit dominus*. Auch die sonstigen Risiken des Baus der Tankstelle überwälzte auf diese Weise die Ölgesellschaft auf den Verwalter: indem sie ihm das Grundstück vermietete, damit er darauf eine Tankstelle errichtete, und nun von ihm Grundstück und Tankstelle zurückmietete und ihn als Agenten der Tankstelle anstellte, wobei sie ihm je eine getrennte und verschieden hohe Provision für die Verwaltung der Tankstelle einerseits und für die Vermietung andererseits zahlte.

Zu Unrecht hat der BFH der Mietzinsprovision und dem Baukostenzuschuß die Befreiung des § 4 Nr. 10 UStG versagt.

Einmal bezweifelt er schon, ob neben dem Vertrag über die Tankstellenverwaltung überhaupt noch ein Mietvertrag vorliege; denn die Ölfirma gebrauche die Tankstelle nur „in geringem Umfange", da sie in erster Linie von dem Vermieter und Verwalter „für sein Handelsgewerbe als selbständiger Vertreter" benutzt werde. Aber der Vermieter und Verwalter war Agent, verkaufte also die Erzeugnisse der Ölfirma in deren Namen und für deren Rechnung. Der BFH sagt selbst, daß die in der Tankstelle erzielten Umsätze solche des Mineralölunter-

---

[152] Vgl. *Staudinger-Kiefersauer* a.a.O. § 535 Erl. 22.

nehmens seien. Also ist auch die Benutzung (und Nutzung) der Tankstelle durch den Verwalter eine Benutzung (und Nutzung) durch die Ölgesellschaft, weil sie durch den Verwalter als Stellvertreter der Ölfirma erfolgte(n).

Der BFH hat gegen das Vorliegen eines Mietvertrages weiter eingewendet, daß es der Vermietung der Tankstelle an den Verwalter und der Rückvermietung an die Ölfirma nicht bedurft hätte, da die Ölfirma ja bereits auf Grund ihres mit dem Grundstückseigentümer geschlossenen Mietvertrages gebrauchsberechtigt sei. Dabei ist erstens verkannt, daß dieser Vertrag die Ölfirma zwar zum Gebrauch des Grundstücks, aber nicht zum Gebrauch und zur Nutzung der darauf errichteten Tankstellenanlage berechtigt, da diese nicht dem Grundstückseigentümer, sondern dem Verwalter gehört. Zweitens kommt es für die umsatzsteuerrechtliche Anerkennung nicht darauf an, ob die von den Parteien gewählte Vertragsgestaltung unbedingt erforderlich ist oder ob diese eine einfachere und steuerschädlichere hätten wählen können. Bis zur Grenze des § 6 StAnpG können die Parteien sich die steuergünstigste Rechtsform für die Gestaltung ihrer Beziehungen aussuchen. Jene Grenze aber ist hier nicht überschritten, da die Ölgesellschaft einen hinreichenden, wirtschaftlich vernünftigen Grund hat, den Verwalter zugleich als Mieter und Vermieter einzuschalten, den Tankstellenvertrag also nicht nur als Dienst- oder Werkvertrag, sondern zugleich als Mietvertrag auszugestalten.

Im Ergebnis hat der BFH die Frage, ob überhaupt ein Mietvertrag neben dem Agenturvertrag vorliegt, offengelassen und die Steuerbefreiung verneint, weil „der Mietvertrag zusammen mit dem Tankstellenvertrag ein unteilbares Ganzes" bilde, „wobei der Tankstellenvertrag die weitaus überwiegende, die Vermietung eine ganz untergeordnete Rolle spiele". Aber schon die Behauptung der Unteilbarkeit ist fragwürdig[153]. Es ist sehr wohl denkbar, daß der eine Vertrag ohne den anderen fortgesetzt wird: Die Ölfirma kann die Tankstelle zu Eigentum erwerben und den Mietvertrag auflösen, den bisherigen Eigentümer und Vermieter aber als Tankstellenverwalter behalten. Umgekehrt kann der Vermieter sein Verwalteramt niederlegen oder verlieren und doch Eigentümer und Vermieter der Tankstellenanlage und Mieter und Rückvermieter des Tankstellengrundstücks bleiben[154]. Doch auch wenn Agenturvertrag und Mietvertrag so eng miteinander verflochten sein sollten, daß sie nur gemeinsam stehen und fallen (was Tatfrage des Einzelfalles ist), so hindert das nicht die Zerlegung des Gesamtentgelts und die Anwendung des § 4 Nr. 10 UStG auf das Mietentgelt. Denn für die umsatzsteuerrechtliche Behandlung der gemischten und der verbun-

---
[153] Vgl. das Urteil der Vorinstanz EFG 1957, 222/3.
[154] Vgl. FG Rheinland-Pfalz EFG 1959, 111 (112); FG Karlsruhe EFG 1958, 34.

Bestandteilseigenschaft der vermieteten Gebäude oder Räume

denen Verträge kommt es auf die Einheitlichkeit oder Teil- und Trennbarkeit des Gesamtvertrages nicht an, s. o. S. 39 ff. sub d).

Nach dem dort a. E. und o. S. 41 Ziff. 3 a) Ausgeführten entfällt vielmehr nur dann die Zerlegung des Gesamtentgelts und die Anwendung des § 4 Nr. 10 UStG, wenn die Grundstücksüberlassung völlig nebensächlich oder wenn sie eine übliche Nebenleistung zu einer andersartigen und steuerpflichtigen Hauptleistung ist. Das aber trifft bei dem vom BFH beurteilten Sachverhalt nicht zu[155]. Angesichts dessen, daß hier der Verwalter der Tankstelle Eigentümer der Tankstellengebäude und -anlagen ist, läßt sich die Behauptung des BFH nicht halten, daß die Vermietung „nur eine ganz untergeordnete Rolle" spiele.

Aber auch die Rückvermietung des Grundstücks an die Ölfirma war nicht bedeutungslos und deshalb umsatzsteuerrechtlich zu berücksichtigen. Denn sie hing unlösbar zusammen mit der umgekehrten Vermietung des gleichen Grundstücks von der Ölfirma an den Verwalter. Dafür schuldete dieser seinerseits der Ölfirma ein Entgelt, das auch der BFH als „echten Mietzins" bezeichnet hat, und das daher unzweifelhaft das Privileg des § 4 Nr. 10 UStG genießt. Dann kann aber das Entgelt für die Weitervermietung (Rückvermietung) eben desselben Grundstücks nicht anders behandelt werden: es muß ebenfalls als Mietzins angesehen und von der Umsatzsteuer befreit werden[156].

3. Insoweit hat diesen Fall die Vorinstanz, das FG Schleswig-Holstein (EFG 1957, 222 Nr. 283), wesentlich richtiger beurteilt: Sie nahm einen „gemischten" Vertrag, keinen solchen „besonderer Art" an, versagte aber das Mietenprivileg des § 4 Nr. 10 UStG dem auf die Gebäude und Anlagen entfallenden Mietanteil, weil diese keine wesentlichen Bestandteile des zugleich vermieteten Grundstücks seien. Letzteres ist, wie o. S. 58 ausgeführt, richtig. Aber es erscheint mir bedenklich, die Entgelte aus der Vermietung und Verpachtung fester Gebäude dann von der Vergünstigung des § 4 Nr. 10 UStG auszunehmen, wenn sie nicht wesentliche Bestandteile des Grundstücks sind, auf dem sie stehen.

---

[155] Wohl aber — vielleicht — in dem vom FG Nürnberg EFG 1955, 379 entschiedenen Falle, wo nicht die gesamte Tankstelle an die Ölfirma vermietet war, sondern nur „der für die Aufstellung der Betriebs- und Werbemittel" der Ölfirma „erforderliche Platz auf dem Grundstück", und wo der Mietzins dafür durch die Provision aus dem Agenturvertrag als abgegolten galt.

[156] Der BFH hat sich dieses auch ihm anscheinend gekommenen Bedenkens leichtherzig mit der Erwägung entschlagen, daß „im streitigen Veranlagungszeitraum" „an das Mineralölunternehmen kein Mietzins, der wohl ein echter Mietzins gewesen wäre, für die Grundstücksfläche entrichtet worden ist". Aber nach dem vom BFH mitgeteilten Sachverhalt war ein solcher Mietzins vereinbart und folglich geschuldet. Also mußte dies bei der umsatzsteuerrechtlichen Beurteilung des Entgelts für die Rückvermietung dieses Grundstücks berücksichtigt werden, gleichgültig ob der Hauptmietzins in dem für den Untermietzins maßgebenden Veranlagungszeitraum tatsächlich gezahlt wurde oder nicht.

a) Hier dürfte § 580 BGB übersehen sein, wonach die Vorschriften über die Grundstücksmiete auch für die Miete von Wohnräumen und anderen Räumen gelten. Nach h. M.[157] ist diese Vorschrift ohne Rücksicht darauf anwendbar, ob die Räume wesentliche, unwesentliche oder Scheinbestandteile des zugrunde liegenden Grundstücks sind; sie dürfen nur keine Mobilien sein: transportable Räume fallen nicht unter § 580 BGB. Ebenso machen Lehre und Rechtsprechung auch für die Anwendung des Mieterschutzgesetzes[158], des Geschäftsraummietengesetzes[159], des Wohnraumbewirtschaftungsgesetzes[160] und des Bundesmietengesetzes[161] samt seinen Nebenvorschriften keinen Unterschied nach der Bestandteilseigenschaft der Räume, Gebäude oder Gebäudeteile. Wenn aber sich nach bürgerlichem Recht bestimmt, was Vermietung und Verpachtung von Grundstücken i. S. des § 4 Nr. 10 UStG ist[162], dann müssen für die Bestimmung seines Geltungsbereichs auch die Gleichstellung der Raummiete mit der Grundstücksmiete in § 580 BGB und dessen Auslegung durch die Zivilgerichte beachtet werden. Beachtlich ist aber auch, welche Räume nach Gesetz, Rechtsprechung und Lehre unter die Vorschriften des Wohnungsmangels- und Raumnotrechts fallen. Ist doch § 4 Nr. 10 UStG in seiner ursprünglichen Fassung seinerzeit als Mittel zur Schonung der Hausbesitzer und damit zur Niedrighaltung der Mieten geschaffen worden. Mag er auch inzwischen über diesen Zweck hinausgewachsen sein[163] — enger als der Geltungsbereich der Grundstücksmietvorschriften des BGB und seiner Nebengesetze und der Normen des Wohnungsmangelrechts kann sein Anwendungsgebiet nicht geworden sein, nachdem er durch die Umsatzsteuernovelle von 1934 noch ausdrücklich erweitert worden ist.

---

[157] Vgl. *Staudinger-Kiefersauer* a.a.O. § 580 Erl. 3 Abs. II m. Nachw.; OLG Kiel SeuffArch. 61 Nr. 78 = OLGE 12, 68.
[158] Vgl. meinen Kommentar zum MSchG § 1 Erl. 63; *Roquette* Mietrecht (4. Aufl. 1954) S. 59; MSchG (1956) § 1 Erl. 25; *Hans* MSchG (6./7. Aufl. 1956) § 1 Bem. 7. Vgl. auch *Kiefersauer-Glaser-Brumby* Grundstücksmiete (8. Aufl. 1958) Vorbem. 12 und Erl. 4.
[159] Vgl. *Roquette*, Die kleine Mietreform (2. Aufl. 1953) GRMG § 2 Bem. 2.
[160] *Roquette* WBewG (1953) Grundlegung IV 1; *Fellner-Fischer* WBewG (3. Aufl. 1956) § 2 Erl. 1; *Hans* WBewG (1953) § 2 Bem. 7 a); *Kiefersauer-Glaser-Brumby* a.a.O. Erl. 349.
Zum WohnungsmangelG ausdrücklich KGJ Erg. 7, 5 = JW 1928, 2545.
[161] Vgl. die Definitionen des Wohnraums bei *Roquette* BMG (2. Aufl. 1958) Vorbem. 5 vor § 1; *Fischer-Dieskau-Pergande-Wormit*, Das Bundesmietrecht, 1. Teil: Kommentar zum 1. BMG (1955) Vorbem. vor § 1; *Groothold* BMG (1955) § 1 Bem. 7; *Bormann* BMG (1957) § 1 Anm. 4; *Kiefersauer-Glaser-Brumby* a.a.O. Erl. 235; Amtl. Begr. 1. BMG (BTDrS. II Nr. 1421) zu § 1.
Zum ReichsmietenG ausdrücklich *Ebel-Lilienthal* RMG (5. Aufl. 1930) § 1 Erl. 2 Abs. II a. E.
[162] S. o. S. 9.
[163] Vgl. dazu o. S. 23.

Bestandteilseigenschaft der vermieteten Gebäude oder Räume

b) Bestätigt wird die hier[164] vertretene Ansicht, daß es auf die Bestandteilseigenschaft vermieteter oder verpachteter Gebäude und Räume nicht ankommt, durch § 37 UStDB. Dort sind die Vermietung und Verpachtung von Bestandteilen und Zubehör einer Betriebsanlage, insbesondere von Maschinen, auch dann für steuerpflichtig erklärt, wenn sie wesentliche Grundstücksbestandteile sind. Auch hier ist die Bestandteilseigenschaft für unbeachtlich erklärt. Außer diesem Analogieschluß rechtfertigt § 37 UStDB noch folgenden Umkehrschluß: Die Vermietung und Verpachtung von Betriebsanlagen ist steuerflichtig, auch wenn die Anlagen wesentliche Grundstücksbestandteile sind. Die Vermietung und Verpachtung von Gebäuden und festen Räumen ist steuerfrei, auch wenn diese Mietobjekte keine wesentlichen Grundstücksbestandteile sind. Würden diese nicht unter § 4 Nr. 10 UStG fallen, wäre § 37 UStDB weitgehend überflüssig, nämlich für alle diejenigen Betriebsvorrichtungen und -anlagen, die keine wesentlichen Grundstücksbestandteile, also nur unwesentliche oder Scheinbestandteile oder nur Zubehör eines Grundstücks sind; dann wäre das „*auch* wenn" in § 37 DB unverständlich.

---

[164] Ebenso mit eingehender — speziell steuerrechtlicher — Begründung unter Hinweis auf § 4 Nr. 9 UStG, § 2 II Nr. 3 GrErwStG und § 50 III RBewG *Wegemer* UStR 1957, 109 und 175 gegen *Qualen* ebda. S. 175, der Gebäude, die nach § 95 BGB nicht wesentliche Bestandteile werden, fälschlich für bewegliche Sachen hält. *Wegemer* zustimmend FG Karlsruhe EFG 1958, 34.

Register der finanzgerichtlichen Entscheidungen

Bundesfinanzhof

Datum	AZ.	BFH/RFH	BStBl./RStbl.	StW	In dieser Schrift behandelt Seite	Anm.
19. 12. 1952	V 4/51 U	57,249	1953 III 98	1953 Nr. 165		3, 76, 77, 83, 98, 102, 105, 106, 111, 114
25. 9. 1953	V 177/52 U	58,116	1953 III 335	1954 Nr. 54	30 ff, 43 ff, 49 ff.	3, 106, 114
21. 12. 1954	V 125/53 U	60,154	1955 III 59	1955 Nr. 147	10, 29 ff, 43 ff, 49 ff.	3, 76, 106, 114, 115
26. 7. 1955	V 35/55 U	61,155	1955 III 258	1955 Nr. 267		3, 32, 76
29. 11. 1955	V 193/55 U	62,150	1956 III 56	—	11, 12	38
30. 11. 1955	II 41/55 U	62,55	1956 III 21	1956 Nr.134 (LS)		143
26. 4. 1956	V 61/55	—				16
4. 7. 1956	V 171/54 S	63,159	1956 III 257	1956 Nr. 224	10, 12	70
26. 2. 1957	I 327/56 U	64,391	1957 III 146	1958 Nr. 31 (LS)		33
14. 3. 1957	V 206/56 U	65,583	1957 III 456	1958 Nr. 246		76, 112, 113
3. 4. 1957	V 276/56 U	64,542	1957 III 202	1957 Nr. 129	10, 44, 47	3
13. 6. 1957	V 259/56 U	65,98	1957 III 269	1957 Nr. 217		3
23. 10. 1957	V 153/55 U	65,585	1957 III 457	1958 Nr. 67	22	
5. 2. 1959	V 138/57 U	—	1959 III 223		52 ff.	105, 137, 142

Reichsfinanzhof

Datum	AZ.	BFH/RFH	BStBl./RStbl.	StW	In dieser Schrift behandelt Seite	Anm.
18. 6. 1921	II A 382/20	6,123	1921, 330	—	15, 16	
11. 7. 1922	V A 184/22	10,95	1922, 278	—	14	
8. 1. 1924	V A 382/23	—	1924, 121	—		62
4. 4. 1924	V D 3/24	13,298	1924, 157	—		31

Register der finanzgerichtlichen Entscheidungen

Datum	Az.		Band, Seite	Jahr/Nr.	Seite	Seite
24. 1.1925	GrS	5/24	15,282	1925, 59		2
28. 4.1925	V A	56/25	—	—		2
5. 2.1926	V A	24/26	18,190	1926, 150	31	
20. 5.1926	V A	259/26	19,109	1926, 227	14	
21.12.1926	V A	732/26	20,137	1927, 72		31
8. 7.1927	V A	105/27	21,289	1927, 194		54 a
20. 1.1928	V A	674/27	Mrozek UStG 1926 § 2 Nr. 4 R 9		23 ff.	75, 91, 103
31. 1.1928	V A	38/28	—	1928, 105		31
17. 7.1928	V A	104/28	24,48	1928, 304		90
30.11.1928	V A	667/28	—	1929, 99		31
18. 1.1929	V A	784/28	24,334	1929, 258	19	
22. 3.1929	V A	15/29	Mrozek UStG 1926 § 2 Nr. 4 R 19			26
17. 7.1929	VI A	560/28	—	1929, 585		20, 21
26. 7.1929	V A	912/28	—	1929, 603		
26. 9.1930	V A	173/30	—	1931, 68	31	31
26. 9.1930	V A	605/30	—	1931, 69		
31.10.1930	V A	602/30	27,260	1931, 162	11	2, 105
21.11.1930	V A	1071/29	—	1931, 166		93, 94 a
20. 5.1932	V A	550/31	—	1932, 879	11	34
30. 5.1932	V A	953/31	31,123	1932, 880	21	43
23. 9.1932	V A	603/32	—	1933, 172	11	42, 43, 130
10. 3.1933	V A	490/32	32,354	1933, 1343		2
17. 3.1933	V A	390/32	32,355	1933, 1326		84, 94
13. 4.1933	V A	299/32	33,109	1934, 47	20, 21	
23. 6.1933	V A	389/33	—	1933, 1247	15	
11. 7.1934	VI A	1396/33	—	1934, 1361	17	26
20. 8.1934	V A	985/32	—	1934, 1393		75
26. 7.1935	II A	46/35	38,128	1935, 1131	13	26
25.10.1935	V A	462/35	38,304	1936, 853		33, 75
13.12.1935	V A	451/35	38,316	1936, 159		62

Reichsfinanzhof

Datum	AZ.	RFH	RStBl.	StW	In dieser Schrift behandelt Seite	Anm.
24. 1. 1936	II A 80/35	39,49	1936, 561	1936 Nr. 479		33, 75
6. 11. 1936	V A 10/36	—	1937, 11	1937 Nr. 169	27	
23. 12. 1936	VI A 944/36	40,272	1937, 635	1937 Nr. 81		26
28. 4. 1937	VI A 517/36	41,238	1937, 899	1937 Nr. 321		26
4. 6. 1937	V A 389/36	41,313	1937, 999	1937 Nr. 447		2, 31
22. 6. 1937	I A 391/36	—	1937, 982	1937 Nr. 430		70
27. 8. 1937	V A 589/36	42,61	1937, 1059	1937 Nr. 519		2
10. 9. 1937	V A 231/37	—	1937, 1139	1937 Nr. 589	14	
13. 10. 1937	VI A 555/37	—	1937, 1264	1937 Nr. 618		26
16. 11. 1937	I 299/36	—	1938, 15	1937 Nr. 636		70
6. 5. 1938	V 316/37	—	—	1938 Nr. 383	25, 27	
15. 6. 1938	VI 331/38	44,167	1938, 870	1938 Nr. 419		26
22. 11. 1938	I 305/38	—	1939, 477	1939 Nr. 144		70
6. 4. 1939	II 117/38	46,281	—	1939 Nr. 282	20	111
5. 5. 1939	V 498/38	—	1939, 806	1939 Nr. 508	10	2
28. 7. 1939	V 255/39	47,174	1939, 943	1939 Nr. 507		2, 26
29. 9. 1939	V 446/38	47,266	1939, 1167	1939 Nr. 618	20, 21	
27. 10. 1939	V 487/37	—	1939, 1220	1940 Nr. 28	36	75, 105, 110
22. 12. 1939	II 439/39	48,61	1940, 364	1940 Nr. 157		39
12. 1. 1940	V 316/39	48,93	1940, 240	1940 Nr. 112		94, 101
23. 2. 1940	V 303/38	48,213	1940, 448	1940 Nr. 208	10	2, 86, 94, 116, 117, 118
28. 6. 1940	V 324/39	49,155	1940, 910	1940 Nr. 466	11	2
12. 7. 1940	V 259/39	49,88	1940, 864	1940 Nr. 467	17	75, 105, 121

Register der finanzgerichtlichen Entscheidungen

17. 7.1940	VI 629/39	—	1940, 914	1940 Nr. 384	26
27. 9.1940	V 197/39	49,175	1940, 928	1940 Nr. 510	20	75, 105, 111
2.11.1940	II 23/40	49,245	1941, 45	1941 Nr. 62		26
8.11.1940	V 174/39	49,310	1941, 95	1941 Nr. 132	29 ff., 49	2, 11
21.11.1941	V 102/41	51,143	1942, 69	1942 Nr. 68		33
21.11.1941	V 103/41	51,139	1942, 70	1942 Nr. 64		33
20. 1.1942	I 77/41	51,166	1942, 405	1942 Nr. 110		70
25. 3.1942	VI 358/41	51,97	1942, 434	1942 Nr. 134		26
17. 7.1942	V 146/40	—	1942, 878	1942 Nr. 386	42	2, 100
9.10.1942	V 36/41	52,186	1943, 13	1942 Nr. 445	18	33, 75
24. 9.1943	V 198/40	54,555	—	1944 Nr. 60		2
19.11.1943	V 126/41	54,17	1944, 39	1944 Nr. 69	28, 36	2, 75, 102, 104, 105, 106, 111, 114
7. 1.1944	V 7/43	—	1944, 493	1944 Nr. 134	23 ff.	
17. 3.1944	V 42/41	—	1944, 589	1944 Nr. 174	43, 44	2, 82, 31

Finanzgerichte

Gericht	Datum	Az.	EFG	In dieser Schrift behandelt Seite	Anm.
VG Berlin	12. 5. 1957	VII A 383/56	1958, 74 Nr. 93	28	
FG Düsseldorf	16. 5. 1956	II 11/56 U	1956, 270 Nr. 310		33
	26. 7. 1957	V 10/57	1958, 14 Nr. 18		28
FG Hamburg	27. 11. 1953	IV 107/53	1954, 113 Nr. 127	28	
FG Hannover	16. 5. 1956	VI A 74/55	1956, 384 Nr. 436		28
	5. 4. 1957	II 83/57	1957, 366 Nr. 458		28
	7. 6. 1957	V U 194/55	1958, 35 Nr. 50		23
	22. 12. 1958	V U 224/56	1959, 295 Nr. 348		132
FG Karlsruhe	30. 7. 1957	II 144–145/56	1958, 34 Nr. 49		135, 142, 146, 149, 154, 164
FG Kassel	15. 3. 1955	I 485/54	1955, 251 Nr. 277		43, 46, 120, 126,
FG München	5. 4. 1955	III 45/55	UStR 1955, 101 (LS)		137, 142
	23. 5. 1958	I 113/58	1959, 31 Nr. 39	12	
	5. 8. 1958	III 241/56	BayVerwBl. 1959, 59		
FG Münster	22. 12. 1953	I u 25–26/53	1954, 92 Nr. 105		72, 73
	30. 9. 1954	I u 98–100/53	1955, 124 Nr. 147		23
	27. 4. 1956	II u 14–15/56	1956, 368 Nr. 414		33
FG Nürnberg	29. 7. 1955	I 240/55	1955, 379 Nr. 416		137, 142, 147, 148, 155
FG Rheinland-Pfalz	26. 2. 1958	II 78–79/56	1959, 111 Nr. 137		135, 142, 146, 154
FG Schleswig-Holstein	3. 7. 1953	III 206/53	1953, 22 Nr. 26		24
	14. 10. 1954	III 203/54	1955, 61 Nr. 70	19	
	14. 10. 1954	III 245/54	1955, 60 Nr. 69		66, 69
	17. 12. 1954	III 283–284/54	1955, 125 Nr. 148	12	
	26. 2. 1957	III 366/56	1957, 222 Nr. 283	59	142, 153
FG Stuttgart	8. 5. 1956	II 8–10/56	1956, 350 Nr. 394		28

Printed by Libri Plureos GmbH
in Hamburg, Germany